Carl Lackner

Darstellung der wirtschaftlichen und sozialen Verhältnisse

einer ostpreußischen Landgemeinde

Carl Lackner

Darstellung der wirtschaftlichen und sozialen Verhältnisse
einer ostpreußischen Landgemeinde

ISBN/EAN: 9783744646949

Hergestellt in Europa, USA, Kanada, Australien, Japan

Cover: Foto ©Suzi / pixelio.de

Weitere Bücher finden Sie auf **www.hansebooks.com**

Darstellung

der

wirthschaftlichen und socialen Verhältnisse

einer

Ostpreußischen Landgemeinde.

Inaugural-Dissertation

zur

Erlangung der Doctorwürde der hochlöbl. philosophischen Facultät der Universität Jena

vorgelegt von

Carl Lackner,

Landwirthschaftslehrer.

Insterburg.

Druck von J. G. Driest.

1889.

Seinem verehrten Lehrer

Herrn Professor Dr. Freiherrn v. d. Goltz

in Hochachtung gewidmet

vom

Verfasser.

Roscher sagt: „Der Bauernstand ist die Wurzel des Volksbaumes. Die Blüthen, Blätter und Zweige der Krone, ja selbst der Stamm kann absterben und, wenn die Wurzel gesund ist, wieder ersetzt werden. Aber wo die Wurzel nichts taugt, da geht der ganze Baum zu Grunde."

Wie ist denn eigentlich die heutige Lage des Bauernstandes in unserem Deutschen Reich? Ist dieselbe eine solche, daß sie zu Befürchtungen Anlaß giebt und tiefgreifender wirthschaftlicher Reformen dringend bedarf, oder können wir bei den bestehenden bäuerlichen Zuständen ruhig in die Zukunft blicken? Ueber diese und ähnliche Fragen ist in der einschlägigen Literatur viel geschrieben und die mannigfachsten Schlüsse sind aus den aufgestellten Betrachtungen gezogen worden, nicht selten auf allgemeine Muthmaßungen und Behauptungen hin, ohne sichere auf genauen statistischen Angaben sich stützende Grundlage.

Auf Anregung des Herrn Ministers für Landwirthschaft, Domainen und Forsten, Dr. Freiherrn von Lucius und im Auftrage des landwirthschaftlichen Central-Vereins für Littauen und Masuren habe ich in Folgendem einen Beitrag zur Beurtheilung unserer bäuerlichen Verhältnisse und speziell derjenigen der Provinz Ostpreußen zu liefern versucht. Aehnlich den Schilderungen, welche über die bäuerlichen Zustände Deutschlands in den Schriften des Vereins für Socialpolitik und über die ländlichen Verhältnisse ganzer schlesischer Gemeinden in den landwirthschaftlichen Jahresbüchern veröffentlicht sind, erstrecken sich meine Beschreibungen auf die landwirthschaftlichen und socialen Verhältnisse eines ostpreußischen Gemeindebezirks, welcher in vieler Hinsicht als typisch für einen großen Theil der Landgemeinden Ostpreußens gelten kann. Behandelt meine Arbeit der Hauptsache nach auch nur einen einzigen Bezirk, so darf sie deshalb vielleicht Anspruch auf größere Genauigkeit machen, um so mehr, als die recht erheblichen Schwierigkeiten, welche bei Ausführung solcher Enqueten zu überwältigen sind, mit der Größe des Aufnahmegebietes wachsen und die Genauigkeit in den Aufzeichnungen dementsprechend darunter leidet. Diese Schwierigkeiten bestehen einmal darin, daß in den wenigsten bäuerlichen Wirthschaften nothwendiges aktenmäßiges Material über Betriebsergebnisse niedergelegt und aufbewahrt wird und die hin und wieder wirklich vorhandenen Notizen sehr lückenhaft und unzuverlässig sind; dann aber liegen sie in der Beseitigung des Mißtrauens, welchem man bei unseren ostpreußischen Bauern überall begegnet. Aus falscher Scheu und Furcht, daß die Ermittelungen veröffentlicht oder zum Zwecke der Steuereinschätzung angestellt werden könnten, wird oft jede Auskunft verweigert und der darum Bittende mit argwöhnischen Augen angesehen, besonders wenn derselbe in der betreffenden Gegend noch vollständig unbekannt ist.

Wo es ausführbar und geboten erschien, bin ich nach Möglichkeit bemüht gewesen, in der Beschreibung einzelner Gesichtspunkte wie überhaupt in der allgemeinen Charakterisirung von Land und Leuten, Sitten und Gebräuchen, nachbarliche Gegenden mit zu berücksichtigen. Um besser beurtheilen zu können, in wie weit die augenblicklichen Zustände gedeihliche und befriedigende sind, ist ein Vergleich zwischen Gegenwart und Vergangenheit gezogen und auf die Veränderungen hingewiesen, die sich während der letzten zwanzig Jahre im landwirthschaftlichen Betriebe und in der gesammten physischen und intellektuellen Kultur der Ortsbevölkerung vollzogen haben. Die dazu erforderlichen Ermittelungen habe ich zum größten Theil durch Aufnahmen an Ort und Stelle gesammelt, wobei mir die Kenntniß des Gemeindebezirks und seiner Einwohner sehr zu Statten kam; soweit statistisches Material in Betracht kommt, das in amtlichen Erhebungen bereits niedergelegt war, haben mit Genehmigung Seiner Excellenz des Herrn Ministers Dr. Freiherrn von Lucius die betreffenden beamteten Behörden in gütigster Weise Auszüge aus den bezüglichen Akten gestattet, so daß die in der Arbeit enthaltenen zahlenmäßigen Angaben und Tabellen den thatsächlichen Verhältnissen unbedingt entsprechen. Die Abhandlung beginnt mit einer Beschreibung der geographischen und klimatischen Lage und schließen sich hieran Schilderungen über: Beschaffenheit und Benutzung des Bodens; Einrichtung des landwirthschaftlichen Betriebes: a. Acker- und Wiesenbau, b. Garten- und Obstbau, c. Thierzucht und Thierhaltung; Verkehrs-, Preis- und Absatz-Verhältnisse; Gebäude, Einrichtung des Wirthschaftshofes und totes Inventar; Versicherungs-, landwirthschaftliches Vereins- und Genossenschaftswesen; Bevölkerungs- und Arbeiter-Verhältnisse; Vertheilung und Bewegung des Grundbesitzes; Verschuldungs- und Kredit-Verhältnisse; Steuern, Ortsarmen- und andere Lasten; Rentabilität des landwirthschaftlichen Betriebes, sowie Kauf- und Pachtpreise; Art des Erbganges, Lebenshaltung, Sitten und Gebräuche.

Geographische und klimatische Lage.

In dem nördlichen Theile des landräthlichen Kreises Insterburg, welcher zum Regierungsbezirk Gumbinnen gehört und östlich an den Kreis Gumbinnen, nördlich an die Kreise Niederung und Ragnit und südlich und westlich an zum Regierungsbezirk Königsberg gehörige Kreise grenzt, liegt unter 54° 42′ nördlicher Breite und 39° 20′ 10″ östlicher Länge der Gemeindebezirk Gr. B. Seine Entfernung von der Kreisstadt Insterburg beträgt 15 km. Die von Insterburg führende Chaussee durchschneidet einen Theil des Dorfes von Südosten nach Norden zu. Nach allen Himmelsrichtungen, außer nach Westen, stößt die Feld-Gemarkung, deren größerer Theil sich westlich und nördlich vom Dorfe erstreckt, mit den Ländereien von fünf anderen Gemeinden zusammen, während westlich in gerader Linie von Süden nach Norden die Königliche Forst P. die Grenze bildet. Der auf der östlichen Seite des Dorfes von Nord-Osten nach Süden sich hinziehende 2 m. breite D.-Fluß, dessen oberer Lauf durch ebene Wiesenflächen führt, wird in seinem unteren Laufe vom Dorfe aus nach Süden zu gesehen, von terassenförmigen Erhebungen eingeschlossen und führt das sich in seinem Bett sammelnde Wasser nach dem ungefähr 7 km. entfernten Pregelfluß; rechts nimmt derselbe südlich vom Dorfe ein kleines ca. 1⅓ m. breites Flüßchen B. auf, welches zur Entwässerung der westlichen Gemeindeländereien und der angrenzenden Königlichen Forst dienen soll. Neben den Thälern und Ebenen, die an den Ufern der beiden Flüsse sich erstrecken und in der Bodenlage mehr den Hauptcharakter der flachen Ebene hervortreten lassen, giebt es nur kleine unbedeutende Höhenzüge, wie auch zum Theil das Dorf selbst, namentlich die auf der Südseite befindlichen Gebäude auf einer solchen Erhebung liegen.

Das Klima ist das des norddeutschen Küstenflachlandes, ein rauhes und kaltes, das sich durch einen langen Winter, ein spätes oft kaltes Frühjahr, kurzen, mitunter sehr heißen Sommer und nicht selten naßkalten Herbst kennzeichnet. Dr. Albert Weiß *) sagt über das Klima des Kreises, in welchem der Gemeindebezirk Gr. B. liegt, Folgendes: „Der Kreis Insterburg theilt mit den Nachbarkreisen im vollen Maße die Ungunst der klimatischen Verhältnisse, an welcher der ganze, im äußersten Osten der Monarchie belegene Regierungsbezirk Gumbinnen zu leiden hat. Der Einfluß des Klimas ist in den einzelnen Theilen des Kreises fast überall gleich. Bei seiner geringen Entfernung vom Ostseestrande nimmt der Kreis am Küsten-Klima Nord-Deutschlands Theil, welches sich durch harte Winter, kühle Sommer, reichliche Niederschläge, starke oft wechselnde Luftströmungen und schnelle Umschläge der Temperatur auszeichnet. Im Juni pflegen kalte Nordostwinde mit häufigem Strichregen die Temperatur sehr zu erniedrigen. Die Frühlinge sind kalt und rauh. Kalte Nord- und Nordostwinde, welche nicht selten zu Stürmen anwachsen, hemmen den Eintritt und hindern den Fortgang der Vegetation; Nachtfröste schaden den Saaten. Die Blüthezeit der Obstbäume fällt gewöhnlich erst in die letzten Tage des Mai, die Ernte der Feldfrüchte erfolgt fast regelmäßig 14 Tage später als in Mittel-Deutschland. Der Herbst zeigt günstigere Temperatur-Verhältnisse, weil die vorherrschenden Seewinde die vom Wasser länger als vom Lande zurückgehaltene Sommerwärme mit sich führen.“ Nach Angabe der meteorologischen Station in Insterburg beträgt die mittlere Jahrestemperatur 6,5° C.; die mittlere Sommerwärme schwankt zwischen 14 bis 15° C. und die Winterkälte erreicht mit 26° C. ihr Maximum. Der Frost, welcher durchschnittlich nicht vor Mitte November eintritt, dringt ungefähr bis zu 1 m. Tiefe in den Boden ein und verläßt denselben in der ersten Hälfte des April, so daß für die Ausführung der Pflugarbeiten annähernd 7 Monate bleiben, wenn man die zu nasse Zeit, in welcher das Pflügen räthlich unterbleiben muß, nicht in Anrechnung bringt. In Folge der ungünstigen klimatischen Einflüsse wird die ganze Feldarbeit im Sommer auf einen verhältnißmäßig kurzen Zeitraum beschränkt. Die Zeit der

*) Dr. A. Weiß (Preußisch-Littauen und Masuren. II. Thl. Seite 20.)

Frühjahrsbestellung, mit welcher gewöhnlich erst Ende April begonnen werden kann, findet in den ersten Tagen des Juni ihren Abschluß, während die Herbstbestellung in die Zeit von Ende August bis Anfang Oktober fällt. Die Heuernte nimmt hier verhältnißmäßig spät, erst zwischen dem 10. bis 15. Juli ihren Anfang, wenn die Kleeernte schon längst begonnen und beinahe beendet ist; mit der Getreideernte beginnt man ungefähr am 1. August. Die Nutzbarkeit der Rindvieh-Weiden nimmt die Zeit vom 1. Juni bis Ende Oktober ein, während die Schafweiden schon in den ersten Tagen des Mai nutzungsfähig werden. Die Natur des Klimas läßt neben Futter- und Hackfruchtbau nur den Getreidebau als geeignet und Gewinn bringend erscheinen, und bilden deshalb die Cerealien die Hauptfrüchte und die ausschließlich zum Verkauf kommenden Felderzeugnisse der Wirthschaft. Wird der Pflanzenwuchs im Allgemeinen durch die schädlichen Einwirkungen des kalten Frühjahrs oft nicht unbedeutend beeinträchtigt, so wirken auf der anderen Seite die schon an manchen Tagen des Mai und Juni eintretende fast tropische Hitze und die reichlichen atmosphärischen Niederschläge, für welche der nahe Wald als heilsamer Regulator dient, fördernd auf die ganze Vegetation ein und gehören demzufolge von klimatischen Einflüssen herrührende völlige Mißernten zu der größten Seltenheit.

Beschaffenheit und Benutzung des Bodens.

Die Beschaffenheit des Bodens ist eine wechselnde; während auf der östlichen Seite der Chaussee die obere Schicht des Bodens sandigen Lehm oder lehmigen Sand zeigt, der durch fortschreitende Kultur eine dunkle Schattirung erhalten hat, ist der westlich gelegene Boden theils mooriger Beschaffenheit, so daß er sich zur Fabrikation von Brenntorf eignet und auch dazu verwendet wird, theils besteht er aus einer fruchtbaren lehmigen Kiesschicht. Nur ein geringer Theil des Bodens, dessen Untergrund Kies zeigt, ist von Natur genügend durchlassend, der bei weitem größte Theil, hauptsächlich der auf der westlichen Seite der Chaussee befindliche, welcher eine wenig günstige, niedrige und flache Lage hat, ist kaltsprindig und leidet an übergroßer Nässe; letztere macht sich bei starken Regengüssen im Frühjahr und Herbst oder auch zu Zeiten anhaltender Regenperioden im Sommer recht fühlbar. Das zur Entwässerung dieses Terrains dienende B.-Flüßchen genügt nicht annähernd seinem Zwecke. Dasselbe hat ein zu enges Bett und ein zu geringes Gefälle, um die mit einem Male zusammenströmenden Wassermassen zeitig und vollständig wegführen zu können. Deshalb wird der Ertrag dieser Flächen in nassen Jahren gewöhnlich illusorisch und könnte eine eingehende Regulirung der mangelhaften Entwässerungs-Verhältnisse Wiesen wie Aecker gegen Beschädigungen durch Ueberschwemmungen mit bestem Erfolg schützen.

Fast durchgängig finden sich in der Tiefe von $^2/_3$ bis $1^1/_3$ m. Mergelablagerungen mit sehr wechselndem prozentischem Gehalt an kohlensaurem Kalk. Die Abdachung des Bodens ist noch eine möglichst günstige; mit geringen Ausnahmen darf man sie eine westliche nennen.

Die Gesammtfläche des zum Gemeindebezirk gehörigen Areals umfaßt 525 ha., 79 a., 7 □m. Dieselbe vertheilt sich auf die verschiedenen Benutzungsarten und Klassen der Grundsteuerbonitirung folgendermaßen:

Kultur-Arten.	Klasse nach der Grundsteuerbonitirung. I.	II.	III.	IV.	V.	VI.	VII.	VIII.	Gesammt-Fläche.	Grundsteuerreinertrag.
	Hektar.									M.
Acker			0,1860	35,6276	180,9618	103,9621	8,3771	—	329,1176	2747,87
Garten	—	—		1,5210	—	—	—	—	1,5210	79,68
Wiese	—	—	0,0891	3,0256	16,1568	63,9991	20,2140	—	103,4849	1089,17
Weide	—	—		10,5690	18,8939	32,2560	0,5870	—	62,3059	205,12
Hofräume u. Hausgärten	—		—	—			—	—	7,5013	—
Wege und Gräben			—	—	—	—	—	—	11,8050	—
Wasser			—		—	—	—	—	1,5010	—
Grandstiche	—	—	—		—	—		—	0,3680	—
Dorfsanger			—			—		—	2,0250	—
Platz für eine Brachstube			—	—	—	—	—	—	0,0510	—
Begräbnißplatz			—	—	—	—	—		0,1070	—
Summa	—	—	0,2751	53,7432	216,0155	200,2172	29,1781	—	525,7907	4222,11

Diese Tabelle enthält die Zahlen, welche bei der im Jahre 1865 erfolgten Katasteraufnahme ermittelt sind und sich mit den heute bestehenden Verhältnißzahlen nicht mehr ganz decken. Nach der Klassifikation ist die durchschnittliche Bodenbeschaffenheit höchstens eine mittelgute zu nennen, doch ist dieselbe im Laufe der Zeit unter dem Einfluß einer sich von Jahr zu Jahr hebenden Kultur eine wesentlich bessere geworden.

In wie weit Veränderungen in dem Verhältnisse der verschiedenen Kulturarten untereinander seit 1865 vorgegangen sind, läßt sich zahlenmäßig genau nicht feststellen, da hierüber eine Katasteraufnahme seit jener Zeit nicht gemacht ist und die einzelnen Besitzer selbst nicht in der Lage sind, zutreffend angeben zu können, wieviel von ihrem Besitzthum auf Acker, Garten, Wiese, Weide u. s. w. entfällt. Soviel steht jedoch fest, daß ein großer Theil der damaligen Wiesen und Weiden während der letzten 20 Jahre in Acker umgelegt ist, und greift man nicht zu hoch, wenn man von dem Wiesenkomplex den dritten Theil, also 35 ha. und von der Weidefläche die Hälfte, also 30 ha. in Anschlag bringt. Das in Acker verwandelte Wiesenterrain bestand größtentheils aus kleinen, vom Acker eingeschlossenen Parzellen und moorigen Bruchwiesen, welche nur wenig Heu lieferten und als Ackerland benutzt bei genügender Entwässerung nennenswerthe Erträge abwerfen. Durch diese Aenderung in den Verhältnissen der Kulturarten zu einander ist das Verhältniß der Wiesen zur Ackerfläche wirthschaftlich vielleicht nicht mehr ein ganz richtiges zu nennen, um so weniger, als die noch vorhandenen Wiesen im Durchschnitt ziemlich geringwerthiger Beschaffenheit sind und theilweise kaum die Heuwerbungskosten lohnen, wenn man nämlich neben der geringen Heu-Ausbeute die schlechte Qualität des geernteten Futters in Betracht zieht. Namentlich zeichnen sich die auf der westlichen Seite des Dorfes gelegenen Wiesen, deren Boden strichweise aus reinem Torf besteht, durch vollständige Ertragslosigkeit aus, so daß sie an Stelle der Bezeichnung „Wiese“ besser den Namen „Unland“ verdienen. Denselben zweifelhaften Werth haben die nebenan gelegenen Weiden; sie theilen das Schicksal jener Wiesen, indem sie auch an stauender Nässe leiden, die gerade auf Moorboden nur zu leicht geeignet ist der Vegetation zu schaden. In Folge des zu hohen Grundwasserstandes wird durch Bildung schädlicher Schwefeleisenverbindungen der Wuchs der guten Gräser unterdrückt. An deren Stelle sieht man weite Strecken mit den verschiedenen Juncus-, Carex- und Equisetum-Arten bestanden, welche mit dem sie umgebenden Moose im Gedeihen wetteifern. — Von besserer Beschaffenheit sind die Wiesen an den Ufern des D.-Flusses auf der nordöstlichen und östlichen Seite des Dorfes, doch machen diese nur eine Gesammtfläche von ungefähr 20 ha. aus und von diesen 20 ha. darf höchstens nur der fünfte Theil, welcher sich dicht an den Wirthschaftshöfen befindet und von dem abfließenden Hofwasser berieselt wird, Anspruch auf zufriedenstellende Ertragsfähigkeit machen. —

Die Grandstiche setzen sich aus zwei kleinen Parzellen zusammen, von denen die eine in einer Entfernung von 0,5 km. nördlich vom Dorfe auf der westlichen Seite der Chaussee liegt, während sich die andere südlich vom Dorfe in nächster Nähe desselben befindet. Die eine Kiesgrube ist Privateigenthum, die andere gehört der Gemeinde; beide liefern das nöthige Material zum Verbessern der Kommunikationswege.

Der Dorfsanger, Eigenthum der Gemeinde, erstreckt sich in einem schmalen Streifen zu beiden Seiten des D.-Flusses dicht am Dorfe und wird in altherhergebrachter Weise von den Adjacenten durch Beweiden mit Kühen oder Einernten des darauf gewachsenen Futters genutzt.

Der in der Tabelle bezeichnete Platz für eine Brachstube wurde bei der 1834 stattgefundenen Separation für die grundbesitzenden Einwohner der Gemeinde zum Flachsbrechen ausgeworfen. Derselbe liegt 0,2 km. westlich vom Dorfe an einem nach den westlichen Gemeindeländereien führenden Wege, wird aber zu dem bestimmten Zweck von Niemand gebraucht, da der Flachsbau von Jahr zu Jahr eine Einschränkung erfahren hat und heutzutage nur in verschwindend kleinem Umfange noch von Einzelnen betrieben wird.

Im Anschluß an diese allgemeine Schilderung der Benutzung des Bodens möchte ich an dieser Stelle noch einige Worte über die Lage der zu den einzelnen Besitzungen gehörigen Flächen hinzufügen, da eine Kenntniß derselben zur Beurtheilung des gesammten Wirthschaftsbetriebes erforderlich erscheint. Die Eigenthümer des Dorfes besaßen bis 1834 das Recht, ihr Vieh in der nahen Königlichen Forst weiden zu lassen; für dieses Weiderecht wurden ihnen von der Königlichen Regierung ca. 110 ha. Forstweide-Abfindungsterrain verliehen, welches jedoch bei der Separation des anderen Landes nicht zur Vertheilung gezogen, sondern erst in einem besonderen Separations-Receß vom Jahre 1835 den Interessenten überwiesen wurde. Jedes bei den beiden Separationen betheiligte Gemeindemitglied erhielt also als eigenes Besitzthum zwei mitunter recht weit von einander getrennt gelegene Pläne; der eine Plan befand sich, soweit es die bei der Theilung zu beobachtenden näheren Umstände gestatteten, möglichst dicht um das Gehöft herum, der andere, welcher das Weideabfindungsterrain bildete, lag auf der westlichen Seite des Dorfes mit der Königlichen Forst grenzend, oft 2,5 km. vom Wirthschaftshofe entfernt. Es konnte diese schädliche Planlage bei den Separationen auch unmöglich vermieden werden, denn so wie jeder von dem nahe am Dorfe befindlichen, in höherer Kultur stehenden Boden einen Antheil haben wollte, so mußte er auch mit einem entfernter gelegenen schlechterer Qualität vorlieb nehmen, wenn er bei der Wiederabfindung nicht leer ausgehen wollte. Die Erschwernisse in der Wirthschaft mögen ja vielleicht so lange, wie die Weideparzellen als Weide benutzt wurden, auch keine merkbar großen gewesen sein; als man aber daran ging, die an und für sich wenig ertragreiche Waldweide in Ackerland umzulegen, machten sie sich jedenfalls fühlbar und sind mit zunehmender Kultur um so drückender geworden.

Seit der Separation, schärfer hervortretend jedoch erst seit den letzten 30 Jahren sind, wie Augenzeugen berichten, in der allgemeinen Bodenkultur bedeutende Fortschritte gemacht, was nach von der Goltz*) für ganz Ostpreußen zutrifft „und sich am deutlichsten in der Abnahme des bis dahin unbebauten Landes (Unland) und in der Zunahme des Kulturlandes zeigt." Unland war ja eigentlich der bei weitem größte Theil des Weideabfindungslandes nach erfolgter Abholzung seines Waldbestandes zu nennen. Bei dem Ausroden dieses Waldes, das in ungefähr 30 bis 35 Jahren nach dem 1835 stattgehabten Separations-Receß vollständig beendigt war, muß man der Größe der in der Erde zurückgelassenen Stubben nach zu schließen, damals noch nach recht primitiven, wenig forstlich-fachmännischen Grundsätzen verfahren haben. So weit ich mich entsinnen kann, existirten vor 20 Jahren noch Flächen, auf denen Jahre alte Stubben in stattlicher Größe prangten, hinter welchen wir als Kinder bequem Versteckchen spielen konnten. Zwischen diesen Resten einstiger Riesenbäume weidete das Vieh an trockenen wie an nassen Tagen, und durch den Tritt der Thiere erhielt die Oberfläche des Bodens eine ganz eigenthümliche Gestaltung in der Weise, daß Einsenkungen mit Erhebungen wechselten; für so beschaffene Flächen, die jeder rationellen Kultur selbstredend die größten Schwierigkeiten entgegenstellten, hatten die Einwohner die zutreffende littauische Bezeichnung „Kubstinis", welcher Ausdruck sich bis heute erhalten hat. Derartige Erscheinungen, welche an jene wenig erfreulichen Zustände erinnern, bieten sich heute nicht mehr dem Auge dar, und ist dieses offenbar ein wesentliches Zeichen des Fortschritts in der landwirthschaftlichen Kultur und speziell in der Benutzung des Bodens.

---

*) von der Goltz (Die Entwickelung der ostpreuß. Landwirthschaft der letzten 25 Jahre (1856—1881).

Einrichtung des landwirthschaftlichen Betriebes.

a. Acker- und Wiesenbau.

Auch in der ganzen Art der Bodenbearbeitung hat sich in den letzten 20 Jahren eine unverkennbare Wandlung zum Bessern vollzogen. Zwar hat eine wirkliche Tiefkultur hier noch nicht Platz gegriffen, — die meisten Besitzer pflegen je nach dem beabsichtigten Zweck 4 bis 7 Zoll tief zu pflügen, — aber es wird jetzt entschieden tiefer gepflügt und auf eine exakte, gleichmäßige Pflugarbeit bedeutend mehr Gewicht gelegt als früher. Ebenso achtet man mit peinlicher Gewissenhaftigkeit darauf, daß alle andern Ackerarbeiten mit Anwendung verbesserter praktischer Ackergeräthe zur richtigen Zeit sauber ausgeführt werden. Die intelligenteren Besitzer sind hierin allerdings allen anderen voran, aber ein gutes Beispiel findet willige Nachahmer, besonders wenn der Erfolg einer Handlung schnell und deutlich zu Tage tritt. Fast überall zeigt sich das Bestreben, in der Vorbereitung des Bodens zur Saatbestellung so rationell wie möglich zu verfahren. Die schwarze Brache wird, wenn es irgend geht, schon im Herbste flach gestürzt, so daß sie außer der Saatfurche noch eine Furche im Frühjahr erhalten und die nöthige Garre erlangen kann. Wenn die grüne Brache noch vor wenigen Jahren bis zum äußersten Termin als Weide benutzt wurde und die Einsaat dann sofort auf die eine Furche folgen mußte, welche man ihr wegen der Kürze der Zeit nur geben konnte, so wird sie jetzt so früh es sich thun läßt, mit dem Schälpflug dünn umgelegt und erhält dann noch eine Saatfurche; man erreicht dadurch den Vortheil, durch scharfes Eggen bei günstiger Witterung für genügende Unterdrückung des Unkrauts sorgen zu können und kann auf einen sichereren Ertrag rechnen. Die Sommerung wird in neuerer Zeit überwiegend auf Winterfuhr bestellt, namentlich in den größeren Wirthschaften; die Kartoffeln werden dreifuhrig, Erbsen und Lein einfuhrig bestellt.

Mit der rationelleren Ausführung der Ackerarbeiten geht Hand in Hand die Zunahme im Konsum künstlichen Düngers. Die Anwendung des Kunstdüngers hat sich namentlich seit dem Jahre 1872 immer umfangreicher gestaltet. Während vor jener Zeit in der Gemeinde wie in den umliegenden Ortschaften die Wirkung künstlicher Dungmittel und deren Werth und Bedeutung für den Acker kaum bekannt waren, kann man heute den jährlichen Verbrauch derselben für eine Besitzung von 25 bis 75 ha. auf 20 bis 30 Ctr. veranschlagen; dabei ist ihre Anwendung nicht etwa nur auf einzelne

Wirthschaften beschränkt, sondern eine ganz allgemeine geworden, und jeder Bauer ist von ihrem Werth überzeugt. Von denjenigen Düngerarten, die mit Vorliebe gewählt werden und in ihren Erfolgen stets durchschlagend wirken, sind hauptsächlich die Superphosphate und Knochenmehl zu erwähnen. Der Thomasschlacke ist erst neuerdings seit Bekanntwerden der von Wagner*) ausgeführten Versuche Aufmerksamkeit geschenkt, und dürfte ihre Anwendung gerade für die vorliegenden Bodenverhältnisse von erfolgreichster Wirkung sein. Desgleichen würde sich Kainit, welcher seit Kurzem nur versuchsweise gebraucht wird, in Verbindung mit Thomasschlacke vorzüglich für den größten Theil der westlichen Gemeindeländereien eignen, und sind für die nächsten Jahre solche Düngungen in größerem Maßstabe zu erwarten. Die vom Central-Verein für Littauen und Masuren im Jahre 1858 in Insterburg eingerichtete chemische Versuchsstation bietet eine sichere Kontrole für den Gehalt der gekauften Düngemittel, und wird deren segensreiche Thätigkeit in von Jahr zu Jahr wachsendem Umfange von den Landwirthen in Anspruch genommen.

Als bedeutungsvoll für den Ackerbau müssen die verschiedenartigen Meliorationen, wie Mergeln, Kompostiren, Entwässerungsarbeiten bezeichnet werden, welche von einzelnen Besitzern in mehr oder weniger großen Dimensionen im Laufe der letzten 5 Jahre ausgeführt sind und deren Wirksamkeit zu ausgedehnteren Arbeiten auf diesem Gebiete anspornt. Die aus alten Zeiten herstammenden hohen Grabenränder werden abgetragen, der Beackerung hinderliche Vertiefungen und Teiche im Acker zugefüllt, seit langen Jahren zur Viehtränke benutzte Teiche gereinigt und Schlamm und Moder auf den Acker gebracht. Auch scheinen die jüngeren Wirthe der Kompostbereitung schon etwas Beachtung zuwenden zu wollen. War es vor 4 bis 5 Jahren dem am Orte stationirten Chaussee-Aufseher nur mit vieler Mühe und bei Gewährung von Fuhrlohn möglich, die Besitzer zur Abfuhr der auf der Chausseestrecke zusammengeschaufelten kräftigen Dungerde zu bewegen, so wird jetzt schon ein Ausbieten der Erde in besonderen Licitationsterminen verlangt, und dieselbe ist ein Objekt, das mit Geld bezahlt, eine wenn auch geringe Einnahmequelle für die Chaussee-Verwaltung bildet. Die Erde wird entweder direkt auf den Acker, seltener auf die Wiese gefahren oder zur Kom-

*) Paul Wagner (Die Thomasschlacke, ihre Bedeutung und Anwendung als Düngemittel).

postbereitung verwendet, und habe ich die Beobachtung gemacht, daß man in der Anlage und Behandlung der Komposthaufen nach richtigen Grundsätzen verfährt.

Gemergelt wird auf vielen Besitzungen. Bei dem Vorhandensein von Mergel in der ganzen Feldgemarkung und seiner bekannten Wirkung auf Moorböden sind die hier durch Mergeln erzielten Resultate recht zufriedenstellende. Den Mergel giebt man im Spätherbst und Winter entweder auf die schwarze oder grüne Brache. Die Arbeitskosten, welche sich in der ganzen umliegenden Gegend auf 36 bis 48 Mk. pro ha. belaufen, werden schon im nächsten Jahre durch größere Getreide- und Kleeerträge reichlich gedeckt. Die für die Bodenverhältnisse von Gr. B. wie für den Acker der ganzen Nachbarschaft entschieden nothwendigste Melioration, welche sich auch am besten rentiren würde, ist eine genügende Entwässerung des Bodens durch eine systematische Drainage. Mit Entwässerung durch offene Gräben ist man wohl in letzter Zeit allgemein vorgegangen, aber zur Unterhaltung der Gräben wird zu wenig gethan. Das jährliche Räumen der Gräben verursacht nicht unbedeutende Kosten, da bei der theilweise moorigen und kiesigen Beschaffenheit des Bodens die Gräben von den Weidethieren nur zu leicht beschädigt, wenn nicht gar zugetreten werden. Die Besitzer sehen auch sehr gut die Vortheile einer planmäßigen Drainage ein, doch können sie sich aus Furcht vor den Kosten noch nicht entschließen, mit einer solchen vorzugehen. Deshalb würde hier die Gründung einer Drainage-Genossenschaft, welche die nöthigen Darlehne aus den dazu bestimmten Fonds der Provinzial-Hilfskasse von Ostpreußen erhalten könnte, von weittragendster Bedeutung sein, und liegt es nur an dem gemeinsamen Vorgehen einiger einflußreichen Besitzer einen Drainage-Verband für diesen Bezirk ins Leben zu rufen, da genügende Mittel zur Gründung solcher Genossenschaften vorhanden sind. — Wie nach von der Goltz*) „die Wiesen in der Landwirthschaft im Allgemeinen nicht diejenige Beachtung und Pflege finden, welche sie ihrer Bedeutung nach verdienen und welche dem Ackerlande in der Regel zu Theil wird," so hält auch hier mit der rationellen Behandlung des Ackers die der Wiesen nicht gleichen Schritt. Die von Natur aus schlechten Wiesen werden von Jahr zu Jahr schlechter, und trotzdem wird fast nichts zu ihrer Verbesserung gethan. Woran liegt

*) von der Goltz (Handbuch der landwirthschaftlichen Betriebslehre S. 67).

die Schuld, daß ihnen so wenig Kapital und Arbeit zugewendet wird? Zum kleinen Theil vielleicht daran, daß man die natürliche Vegetation der bleibenden Wiesen nur einseitig ausnutzen kann, während der Acker durch den steten Wechsel im Anbau der verschiedensten Kulturgewächse eine mehrseitige Ausnutzung gestattet. Dazu kommt, daß die Ernten der Wiesen in der Wirthschaft verbraucht werden, ohne einen direkten pekuniären Nutzen zu gewähren, und daß unter den Bauern allgemein die Ansicht herrscht, daß die Wiesen auch ohne ihr Zuthun jährliche Erträge zu liefern vermögen. Dieser Umstand verbunden mit der ungenügenden Kenntniß der verschiedenen Wiesengräser und dem nicht zu tadelnden Hang vieler Besitzer am Althergebrachten, geben eine Erklärung für die Vernachlässigung des Wiesenbaues. Da der Bauer auf Kosten seines Geldbeutels überhaupt nur dann Meliorationen unternimmt, wenn ihm auf die eine oder andere Weise ein Erfolg gesichert erscheint und der erste Versuch einer Wiesenmelioration am Orte erst im vergangenen Jahre gemacht ist, so darf man der Hoffnung Raum geben, daß der günstige Erfolg derselben zu weiteren Versuchen anregen wird. Die theilweise großartigen Leistungen auf dem Gebiete des Wiesenbaues in anderen Gegenden des Kreises berechtigen zu dieser Annahme.

Entsprechend der mangelhaften Beschaffenheit und geringen Pflege der im Gemeindebezirk Gr. B. liegenden Wiesen ist auch deren Ertrag. Die schlechten Wiesen liefern kaum 20 Ctr., die besseren 40 bis 80 Ctr. und nur die wenigen guten Parzellen gestatten einen zweiten Schnitt und geben demzufolge etwa 120 Ctr. pro Hektar.

Das noch bis vor 10 bis 15 Jahren fast allgemein übliche System der Dreifelderwirthschaft hat allmählich einer zweckmäßigeren Betriebsweise Platz machen müssen, und mit Einführung einer geregelten Fruchtfolge hat die Ausdehnung des Futterbaues auf dem Acker zugenommen. Die in den meisten hiesigen bäuerlichen Wirthschaften gebräuchliche Fruchtfolge, welche den jeweiligen Verhältnissen entsprechend einen weiten Spielraum gestattet, ist folgende Sechsfelderwirthschaft:

1. Brache,
2. Winterung,
3. Klee,
4. Klee,
5. Sommerung,
6. Sommerung.

Deutliche Spuren in dieser Fruchtfolge zeigen, daß dieselbe aus der Dreifelderwirthschaft hervorgegangen und eigentlich weiter nichts als eine verbesserte Dreifelderwirthschaft ist. Aber auf der anderen Seite hat sie auch zweifellos Aehnlichkeit mit einer Fruchtwechselwirthschaft. Denn der fünfte bis dritte Theil der Brache erhält ein Gemenge von Wicken, Hafer, Gerste und Erbsen als Vorfrucht, welche als Grünfutter in täglichen Rationen an Pferde verfüttert oder bei eventl. vorauszusehendem Mangel an Rauhfutter für den Winter, als Heu trocken gemacht wird. Ferner kommen in den fünften Schlag neben der Sommerung noch Hackfrüchte, fast ausschließlich Kartoffeln und zwar eigene wie fremde. Es pflegt nämlich hier allgemein Brauch zu sein, an Eigenkäthner, Einlieger oder andere am Ort domicilirte Arbeiter Land zum Kartoffelsetzen gegen eine bestimmte Entschädigung abzugeben, woraus dem Besitzer unter anderem der Vortheil erwächst, für diese Ackerstücke fremden Dung verwenden zu können. Der betreffende Bauer fährt denselben selbst heraus und läßt ihn natürlich zu eigenem Nutzen so dick wie möglich streuen, so daß der Dünger häufig kaum untergepflügt werden kann. Auf diese Weise suchen viele neben einem höheren Ertrage aus der darauf folgenden Sommerung, gleichzeitig ihrem Düngermangel für die nächste Winterung abzuhelfen. Sonst wird bei der Sechsfelderwirthschaft nur einmal zur Winterung in die schwarze Brache gedüngt; dieselbe erhält je nach der vorhandenen Düngermenge 16 bis 32 Fuder à 15 Ctr. pro Hektar, wozu dann noch eine den Bedürfnissen entsprechend starke Zugabe von Kunstdünger tritt. Entweder giebt man reines Superphosphat oder Superphosphat und Knochenmehl je die Hälfte und verwendet 2 bis 4 Ctr. pro Hektar.

Die Winterung theilt sich in ungefähr $^2/_3$ zu Roggen und $^1/_3$ zu Weizen. Erbsen, Bohnen und Wicken finden, soweit jede Gattung derselben für sich allein angebaut wird, ihre Stellung in dem fünften Schlag, doch nehmen sie höchstens den 10. bis 12. Theil der ganzen Sommerung ein.

In einigen größeren, in höherer Kultur stehenden Besitzungen wird auch eine Siebenfelderwirthschaft betrieben:

1. Brache,
2. Winterung (Roggen),
3. Klee,
4. Klee,
5. Winterung (Weizen),

6. Sommerung,
7. Sommerung.

Auch dieses System ist aus der Dreifelderwirthschaft hervorgegangen und stellt seinem Typus nach eine Körnerwirthschaft vor, da „zur Körnerwirthschaft alle diejenigen Betriebssysteme zählen, bei welchen der überwiegende Theil, also mehr wie die Hälfte des Ackerlandes zur Erzeugung von reifem Halmgetreide benutzt wird"*). Hackfrüchte und Rundgetreide kommen bei dieser Rotation in den sechsten Schlag. Beträgt beispielsweise die Größe jedes Feldes 15 ha., so kommen in den sechsten Schlag ungefähr 3 ha. Hackfrüchte (3/4 Kartoffeln und 1/4 Rüben resp. Wrucken), 2 3/4 ha. Erbsen, 1/8 ha. Bohnen, 1/8 ha. Wicken und 9 ha. Gerste, während das siebente Feld 3/4 Hafer und 1/4 Menggetreide trägt. In der Brache baut man ebenfalls nach Bedarf als Vorfrucht Grünfutter. Bei der Siebenfelderwirthschaft erhält die schwarze Brache thunlichst eine ganze Stalldüngung, besonders derjenige Theil, welcher Vorfrucht hat; daneben giebt man pro Hektar 2 Ctr. Superphosphat. Die zweite Winterung bekommt 12 Fuder Stalldung und 3 bis 4 Ctr. künstlichen Dünger pro Hektar.

Tadelnswerth bei beiden Wirthschaftssystemen ist die ungenügende Einreihung des Hackfruchtbaues in dieselben; leider pflegen Rüben wie Wrucken und auch ein Theil der Kartoffeln nur in besonderen, fruchtbaren, am Wirthschaftshofe gelegenen Gärten angebaut zu werden, wie es seit Jahren geschehen ist, allerdings mit dem Unterschiede, daß der ganze Hackfruchtbau im Laufe der letzten 5 Jahre eine bedeutende Ausdehnung erfahren hat. Durch eine umfangreichere Kultur der Hackfrüchte innerhalb der Rotation würde man die Eigenschaften des Bodens wesentlich verbessern, für eine wirksamere Vertilgung des Unkrauts sorgen und dadurch vielleicht auch auf den Gerstenbau mehr Gewicht als bisher legen können. Der Umstand nämlich, daß die Gerste im Vergleich zum Hafer im Ertrage zurücksteht, mehr noch das mangelnde Verständniß der meisten Besitzer für die Produktion guter Braugerste bringen es mit sich, daß dieselbe höchstens den achten Theil der gesammten Sommerung bildet.

Die Siebenfelderwirthschaft erfordert unbedingt ein größeres umlaufendes Betriebskapital als die mehr extensive Betriebsweise in sechs Schlägen, denn abgesehen von der Mehrausgabe für künstliche Düngemittel, beansprucht der Betrieb auch größere Arbeitsleistungen, menschliche wie thierische. Deshalb wird die Siebenfelderwirthschaft

*) von der Goltz, Betriebslehre S. 316.

auch hauptsächlich von besser situirten Besitzern betrieben. — Entscheidend für die Einführung beider Systeme ist außer den Boden- und klimatischen Verhältnissen der Hauptsache nach die Produktion von Getreidefrüchten zu eigenen Bedarfs- und Verkaufszwecken gewesen. Bei der leichten, bequemen Transportfähigkeit und bei verhältnißmäßig guten Preisen gestaltete sich der Getreidebau zu einer lukrativen Einnahmequelle im Wirthschaftsbetrieb. Außerdem waren vor 10 bis 20 Jahren Arbeitskräfte gegen billige Löhne im Ueberfluß vorhanden, und da sich ein Handelsgewächsbau von selbst verbot, so konnte man um so größere Sorgfalt auf die Pflege der jungen Getreidesaaten verwenden. In zweiter Reihe war es die sich mit der Zeit bahnbrechende Erkenntniß, daß die Thierzucht, deren Produkte im Preise sich erheblich steigerten, nicht ausschließlich zur Düngerproduktion dienen könne, sondern ebenfalls als wichtiger Faktor im Wirthschaftsbetriebe einen direkten pekuniären Gewinn abwerfen müsse. Man kam allmählig zu der Einsicht, daß Ackerbau und Viehzucht in wechselseitiger Beziehung einander ergänzen müssen, wenn der Zweck des landwirthschaftlichen Gewerbes, einen möglichst hohen Reingewinn abzuwerfen, erreicht werden soll. Damit war gleichzeitig eine Ausdehnung im Futterbau verbunden. Daher die Einrichtung zweier Kleeschläge, die größtentheils beide abgeerntet werden und der sich immer umfangreicher gestaltende Futterbau in der Brache. — Die Aussaat der zum Anbau gelangenden Körnerfrüchte geschieht noch durchweg breitwürfig mit der Hand; die Aussaatmengen betragen im Durchschnitt pro Hektar bei:

Roggen	5 alte Scheffel,
Weizen	$4^1/_2$ alte Scheffel,
Gerste	5 alte Scheffel,
Hafer	6—8 alte Scheffel,
Rundgetreide	4 alte Scheffel,
Klee (davon $^1/_4$ Timotheum) . .	30—40 Pfd.,
Kartoffeln	28—32 Ctr.

Rüben und Wrucken werden auf besonderen im Garten angelegten Beeten aus Samen gezogen und die jungen Pflanzen von hier aus versetzt.

Die Erträge der Feldfrüchte haben sich mit fortschreitender Kultur um ein Bedeutendes gehoben; sie schwanken je nach der Güte des Bodens und der Art der Witterungseinflüsse. Ein genauer, ziffermäßiger Nachweis für die Höhe derselben innerhalb der verschiedenen Bodenklassen läßt sich nicht erbringen, da hierauf bezügliche Notizen bei den Besitzern nicht existiren.

Die folgenden Zahlen, welche die im Durchschnitt der letzten 5 Jahre erzielten Ernteergebnisse ausdrücken, stützen sich auf wahrheitsgetreue Angaben einiger glaubwürdiger Ortseinwohner. Die Erträge sind pro Hektar berechnet und stellen sich für:

Roggen	auf 28—40	Scheffel	à 80 Pfd.,
Weizen	„ 24—36	„	à 85 „
Gerste	„ 36—48	„	à 70 „
Hafer	„ 40—52	„	à 50 „
Erbsen	„ 40—56	„	à 90 „
Bohnen	„ 40—48	„	à 90 „
Wicken	„ 48—64	„	à 90 „
Kartoffeln	auf 180—300	Ctr.,	
Rüben	„ 240—480	„	
Wrucken	„ 240—480	„	
Kleeheu	„ 80—160	„	

b. Garten- und Obstbau.

Der Gartenbau, ebenfalls ein integrirender Bestandtheil des landwirthschaftlichen Betriebes, steht auf den bäuerlichen Besitzungen zur Zeit auf hoher Stufe und hängt dieses wesentlich mit dem Umstande zusammen, daß „die kleineren und mittleren Besitzer sowohl die Bearbeitung, Pflege und Beaufsichtigung der Gartenbaugewächse, wie auch den Verkauf wohlfeiler und leichter ausführen können, wie dies für die Großgrundbesitzer möglich erscheint"*). — Seit Jahren ist im Garten Spatenkultur betrieben, die Bearbeitung und Düngung des Gartenlandes war und ist eine viel gründlichere als die auf dem Acker, daher auch die große Fruchtbarkeit und Ertragsfähigkeit der Gärten. Der zu jedem Bauerngehöft gehörende Garten dient in erster Linie als Schmuck und Zierde für das Wohnhaus, als Erholungsort für die Familie, als Tummelplatz für die Kinder, welche im heilsamen Genuß der freien Natur auch selbst im kleinsten Gartenbaubetriebe Gelegenheit zu nützlicher Beschäftigung finden und sich früh an Thätigkeit gewöhnen können. Ist der Garten bei sauberer Haltung und Pflege recht wohl geeignet, den Besitzer mit seiner Scholle, an der er haftet, enger zu verbinden, ihm seine Heimath heimischer zu machen, so hat der Besitzer auf der anderen Seite auch gelernt, ihm Erträge abzugewinnen, die nicht allein den

*) von der Goltz, Handbuch der landwirthschaftlichen Betriebslehre S. 56.

eigenen Bedarf decken, sondern noch zum Verkauf ausreichen und einen mehr oder weniger großen Gewinn abwerfen. — Eine Blumenzucht im eigentlichen Sinne des Wortes zu Handelszwecken ist nicht vorhanden, wenn auch in jedem Garten in besonderen Abtheilungen einige in mannigfachen Farben prangende Blumenbeete stehen, aus welchen die zum Grab- und Zimmerschmuck nöthigen Sträuße und Kränze hergestellt werden. Desgleichen wird Gemüse fast ohne Ausnahme nur für den eigenen Haushalt gebaut, in seltenen Fällen kommen Grünkohl, Rettig oder Radieschen nach der Kreisstadt zum Verkauf. Bei der weiten Entfernung von der Stadt, in welcher die Gartenbauprodukte Absatz finden könnten und bei dem weiten Transport, durch den in der Regel die Qualität der Waare beeinflußt wird, verbietet sich eine umfangreichere Ausdehnung des Gemüsebaues zu Handelszwecken von selbst. Auch der Anbau von Rüben, Wrucken und Kartoffeln in den Gärten erstreckt sich nur auf die Erfordernisse der eigenen Wirthschaft, weil hier wieder die Transportkosten bis zur Kreisstadt in keinem Verhältniß zu dem erzielten Erlöse stehen würden. Dafür ist aber der Obstbau bis in den kleinsten Besitz entwickelt und eine weitere Ausbreitung dieses wirthschaftlichen Kulturzweiges für die Zukunft unbedingt zu erwarten. Fördernd für den Obstbau in der ganzen hiesigen Gegend wirken die strebsamen Bemühungen der Obstsektion des landwirthschaftlichen Central-Vereins für Littauen und Masuren, welche sich am 1. Dezember des Jahres 1886 konstituirt hat. Das Bestreben der Sektion geht dahin, durch jährlich arrangirte und mit Prämiirung verbundene Obstausstellungen und Obstmärkte die Concurrenz im Obstbau anzuregen, die Absatzverhältnisse zu erweitern und die im Bezirk angebauten Sorten einer nothwendigen Prüfung auf ihre Brauchbarkeit und die Richtigkeit der ihnen von den Züchtern gegebenen Namen zu unterziehen. Die erste dieser Ausstellungen, welche im Jahre 1887 am 1. und 2. Oktober in Insterburg stattfand, gestattete einen Ueberblick über die Obstproduktion des gesammten Kreises sowohl wie der Provinz. General-Sekretair Stöckel schreibt über dieselbe in Nro. 40 der landwirthschaftlichen Zeitung „Georgine“ Jahrgang 1887 Folgendes: „Die Ausstellung mit ihrer reichen Beschickung hat den Beweis geliefert, daß die besten, feinsten und begehrtesten Obstsorten in großem Umfange angebaut werden, daß unsere Provinz namentlich dazu geeignet ist, Tafeläpfel in einer Güte und Schönheit zu produziren, wie dies andere, im Obstbau weiter vorgeschrittene Gegenden nicht vermögen." Herr Oekonomierath Stoll, Direktor des Königlich Pomologischen Instituts zu Proskau, welcher im Auftrage des Herrn Ministers der Ausstellung als Preisrichter beiwohnte, sprach sich ebenfalls sehr anerkennend über die Leistungen Ostpreußens im Obstbau aus. An der Ausstellung waren 81 Aussteller betheiligt, unter denen auch Besitzer aus der Nachbarschaft des Gemeindebezirks Gr. B. mit in Gr. B. gezogenen Obstsorten vertreten waren. Die wichtigsten Obstfrüchte, die in Gr. B. kultivirt werden, sind von Aepfeln: rother Astrachan, virginischer Rosenapfel, Gravensteiner, Kaiser Alexander, Danziger Kantapfel, Ostpreußischer Herbstkurzstiel, Eiserapfel, Winterkurzstiel, Deutscher Gold-Pepping, gelber Richard, kleiner Herrenapfel, Prinzenapfel; von Birnen: gute Graue, Winterbergamotte, Ostpreußische Honigbirne, Diel's Butterbirne, Grumkowerbirne und grüne Tafelbirne. Neben diesen Aepfeln und Birnen giebt es noch eine Menge anderer Sorten am Orte. Von Kirschen werden nur die gewöhnliche Bierkirsche und zum kleinen Theil die rheinische Kirsche angebaut, während man von Pflaumen hauptsächlich die Hauszwetsche fast in jedem Garten findet.

Trotz des ausgedehnten Obstbaues ist die Rentabilität desselben doch noch keine bedeutende zu nennen. Die ungenügende Kenntniß derjenigen Sorten, die sich als Handels- und Gebrauchswaare am besten eignen, der fehlende Absatz für die vielen gebauten Sorten, die heute noch recht mangelhafte Obstverwerthung — giebt es doch Wirthschaften, in denen Obst den Schweinen vorgeworfen wird, um es nicht verderben zu lassen — sind Gründe dafür. Außerdem ist die Aufbewahrung des Obstes und die Art der Obstverpackung noch sehr zu tadeln. Wie oft kommt es vor, daß nach Probe als unbeschädigt verkauftes und nach der Stadt geliefertes Obst wieder vom Verkäufer zurückgenommen werden muß, weil die Früchte in Folge schlechter Verpackung bei dem Transport gelitten haben! Auf Beseitigung und Verbesserung aller dieser mißlichen Zustände hat die Sektion für Obstbau ihr Augenmerk gerichtet, indem sie durch Einrichtung von jährlichen Obstbaukursen an schon bestehenden Gärtnereianstalten und die anderen bereits erwähnten Maßnahmen allgemeine Belehrung über rationelle Obstkultur und über Versand und Verwerthung des Obstes zu verbreiten sucht.

c. Thierzucht und Thierhaltung.

Der Ausspruch Weckherlin's*): „Da, wo die Thierzucht blüht,

*) Weckherlin, Landwirthschaftl. Thierproduktion 4. Ausg. Bd. I. S. 3.

sei es in ganzen Ländern oder einzelnen Wirthschaften, ist in der Regel der höchste Ertrag vom Landbau" scheint auch in den verschiedenen Schichten der bäuerlichen Bevölkerung der Gemeinde Gr. B. immer mehr gewürdigt und als richtig anerkannt zu werden. Das beweisen die Zunahme des Viehbestandes und die unverkennbaren und erfreulichen Fortschritte auf dem Gebiete der Züchtung, Haltung und Pflege der Thiere. — Bei den in den Jahren 1873 und 1883 erfolgten amtlichen Viehzählungen betrug der gesammte Viehbestand:

	im Jahre 1873:	im Jahre 1883:
Pferde	83	88
Rindvieh	197 (92 Kühe)	173
Schafe	154	124
Schweine	174	231
Ziegen	19	1
Summa	627	617

Augenscheinlich hat also in der Zeit von 1873 bis 1883 eine Verkleinerung des ganzen Viehbestandes um 10 Stück oder 1,6% stattgefunden. Während nämlich beim Rindvieh eine Abnahme um 24, bei den Schafen um 30 und bei den Ziegen um 18 Stück eingetreten ist, hat die Zahl der Pferde um 5 und diejenige der Schweine um 57 zugenommen. Der Rückgang in dem Bestand an Ziegen und Schafen ist leicht begreiflich. Die Ziegen wurden größtentheils von Eigenkäthnern und Handwerkern wegen größeren Bedarfs an Milch und billiger Weidenutzung bei den Bauern abgeschafft und allmählich durch Kühe ersetzt. In der Schaf- und Schweinehaltung wechselt ja die Größe der Bestände durch Verkauf und Zuzucht fortwährend, doch scheint die Verringerung des Schafbestandes etwas zu bedeutend zu sein, um allein auf diese Ursache zurückgeführt werden zu können. Desgleichen ist das Herabsinken des Bestandes an Rindvieh ein Räthsel. Die einzige Erklärung für die große ungünstige Differenz in den Zählergebnissen liegt darin, daß gerade bei amtlichen Ermittelungen, mit deren Ausführung die Behörden gewöhnlich die Gemeindevorsteher oder Gendarmen beauftragen, die Angaben von Seiten der Bauern nicht gerade mit peinlichster Gewissenhaftigkeit gemacht werden. Denn jeder bäuerliche Besitzer glaubt, daß solche Enqueten nur zum Zweck der Steuereinschätzung dienen und ist leicht geneigt, bei seinen Aussagen im eigenen Interesse die Wahrheit zu umgehen. Deshalb entspricht das bei amtlichen Viehzählungen ermittelte Resultat in den seltensten Fällen genau der Wirklichkeit.

Eine eigene Musterung des Viehbestandes, die ich im Stalle, auch auf der Weide vornahm, ergab einen Viehbestand von:

103 Pferden (72 Arbeitspferde, 6 dreijährige, 6 zweijährige, 7 Jährlinge und 12 Saugfüllen),
239 Stück Rindvieh (2 Bullen, 104 Kühe, 133 Stück Jungvieh),
150 Schafe,
185 Schweine,
3 Ziegen

680 Stück oder nach Krafft*) auf Großvieh à 500 kg. lebend Gewicht berechnet = 251 Stück.

Die Reduktion auf Großvieh à 10 Ctr. vollzieht sich folgendermaßen:

72 Arbeitspferde à 10 Ctr.	72	Stück Großvieh,
31 junge Pferde incl. Füllen à $5^1/_2$ Ctr.	17	" "
2 Bullen à $12^1/_2$ Ctr.	$2^1/_2$	" "
104 Kühe à 8 Ctr.	83	" "
133 Stück Jungvieh à 4 Ctr. . . .	$53^1/_4$	" "
150 Schafe incl. Lämmer und 3 Ziegen à 45 Pfund	$6^3/_4$	" "
35 erwachsene Schweine à 2 Ctr. . .	7	" "
60 Fasel-Schweine à 1 Ctr.	6	" "
90 jüngere Schweine u. Ferkel à 40 Pfd.	$3^1/_2$	" "
Summa	251	Stück Großvieh

à 10 Ctr. lebend Gewicht.

Vergleicht man diesen Viehstand mit der vorhandenen Ackerfläche, die mit dem in Acker umgelegten Wiesen- und Weideterrain rund 394 ha. beträgt, so ergiebt dieses folgendes Verhältniß: Es werden auf 1 ha. Ackerland 0,18 Stück Zugvieh, 0,45 Stück Nutzvieh und 0,63 Stück Gesammtvieh gehalten. Nach Krafft repräsentirt dieses eine mittelstarke Nutz-, eine starke Zug- und eine starke Gesammtviehhaltung. Die verhältnißmäßig große Zahl an Nutzvieh erklärt sich aus dem Bedarf, da die zu manchen Besitzungen gehörigen Ackerflächen oft getrennt auseinander und weit vom Wirthschaftshof entfernt liegen.

Bezüglich der Züchtung und Fütterung der einzelnen Thiergattungen gilt Folgendes: Von allen Zweigen der landwirthschaftlichen Thierhaltung wird in der Gemeinde Gr. B. wie in den meisten bäuerlichen Bezirken Littauens, zu welchem die landräthlichen Kreise

*) Krafft, „Lehrbuch der Landwirthschaft", Band 4 S. 49.

Insterburg, Gumbinnen, Darkehmen, Stallupönen, Pillkallen, Tilsit, Ragnit, Niederung gehören, die Pferdezucht mit am meisten gepflegt. Anfänge in derselben datiren schon aus dem vorigen Jahrhundert, doch wurden diese durch die Verheerungen, welche die französischen Kriege zu Beginn dieses Jahrhunderts herbeiführten, zum großen Theil wieder zerstört und eine eigentliche Hebung, ein dauernder Aufschwung in der bäuerlichen Pferdezucht, trat erst ein, nachdem jene Verwüstungen überwunden waren. Die vorhandenen natürlichen Weiden, die vor 30—40 Jahren recht mangelhaften Kommunikationsverhältnisse und der Umstand, daß sich der Absatz und Transport von Pferden um vieles leichter und lohnender gestaltet als bei anderen Produkten der Thierzucht, forderten allgemein zur Pferdezucht auf. H. A. Bück, ehemaliger General-Sekretair des landwirthschaftlichen Central-Vereins für Littauen und Masuren sagt in seiner Festschrift zur Feier des 50jährigen Bestehens dieses Vereins*): „Die landwirthschaftlichen Verhältnisse Littauens waren in früheren Zeiten noch mehr als jetzt mit der Pferdezucht identificirt, da Klima, Boden und volkswirthschaftliche Verhältnisse dieselbe nicht allein begünstigten, sondern in gewissem Sinne sogar zur Nothwendigkeit machten.“ Dazu erwuchs dem bäuerlichen Besitzer der Vortheil, daß ihm bequeme Gelegenheit geboten wurde, sich das nöthige männliche Zuchtmaterial zu verschaffen. Neben dem im Jahre 1732 gegründeten Königlich Preußischen Hauptgestüt Trakehnen, dessen wohlthätiger Einfluß sich auf die gesammte Landespferdezucht erstreckt, bieten für Gr. B. im engeren Kreise das in Insterburg befindliche Landgestüt, dessen Gründung auf das Jahr 1787 zurückgreift und das in nächster Nähe befindliche Privat-Gestüt des Herrn von Simpson-Georgenburg, welches an der von Insterburg nach Gr. B. führenden Chaussee ungefähr 11 km. von der Gemeinde entfernt liegt, genügende Auswahl an vorzüglichen, edlen Vaterpferden. In Gr. B. selbst ist eine Königliche Beschälstation im Jahre 1838 eingerichtet, welche vom Insterburger Landgestütsstalle mit 2—3 Hengsten jährlich für die Zeit vom 11. Februar bis 1. Juli beschickt wird. Die hier aufgestellten Beschäler haben in den Jahren 1877 bis 1888 (nur für diese Zeit reichte der Nachweis aus dem augenblicklich im Insterburger Landgestüte vorhandenen Aktenmaterial) die in umseitiger Tabelle angegebenen Stuten gedeckt.

*) H. A. Bück, „Festschrift zur Feier des 50jährigen Bestehens des landwirthschaftlichen Central-Vereins für Littauen und Masuren.“

Anzahl der in Gr. B. jährlich in Station gewesenen Hengste, der von ihnen gedeckten Stuten und der geborenen Fohlen.

1877	2 Hengste,	gedeckt	103 Stuten,	p.	1878	lebende Füllen	geboren	65	Stück,
1878	2	=	143	=	= 1879	=	=	= 83	=
1879	2	=	123	=	= 1880	=	=	= 68	=
1880	2	=	130	=	= 1881	=	=	= 68	=
1881	3	=	158	=	= 1882	=	=	= 88	=
1882	2	=	130	=	= 1883	=	=	= 87	=
1883	2	=	154	=	= 1884	=	=	= 87	=
1884	3	=	143	=	= 1885	=	=	= 80	=
1885	2	=	96	=	= 1886	=	=	= 72	=
1886	2	=	97	=	= 1887	=	=	= 66	=
1887	2	=	107	=	= 1888		=	- 89	=
1888	2	=	141	=	= 1889 (noch unbekannt).				

Von der Gesammtzahl, welche sich auf die ganze Umgegend vertheilt, kommen im Durchschnitt 25 Stuten pro Jahr auf Gr. B. selbst. Die geringe Anzahl der von 1885 bis 1887 gedeckten Stuten erklärt sich dadurch, daß während dieser Zeit eine Reihe von Privatbeschälern aus den Nachbargemeinden für billiges Deckgeld zu haben waren. Die damit erzielten schlechten Erfolge brachten die Besitzer zu anderer Ansicht.

Die Hengste der Königlichen Deckstation werden jetzt mit Vorliebe benutzt. Nebenbei decken auch noch einige Privathengste von bäuerlichen Besitzern aus der Umgegend für ein billiges Deckgeld weniger gutes Stutenmaterial, doch ist deren Zahl wegen des immer geringer werdenden Zuspruchs erheblich zurückgegangen und giebt es zur Zeit nur noch 2 bis 3 solcher Hengste. Gerade in der Auswahl des für die Stute passenden Hengstes hat das Verständniß des Besitzers sich bedeutend erweitert; manchem ist kein Deckgeld zu hoch und kein Weg zu weit, wenn er nur das gewünschte Vaterthier bekommen kann.

Das weibliche Zuchtmaterial wird ausnahmslos auch zur Bestellung der Acker- und zu anderen landwirthschaftlichen Arbeiten wie Kies-, Steine- und Holzfahren benutzt, ohne darunter zu leiden, denn seine Behandlung von Seiten der Knechte ist stets von den Bauern überwacht, oder das Pferd steht unter direkter Obhut des kleinen Besitzers, deshalb läßt die Behandlung und Pflege der Zuchtstuten an nichts fehlen. Die zur Zucht benutzten Stuten sind in der Qualität denen vergangener Jahre weit voraus, weil der Bauer das beste Stutfüllen fast stets für sich zur Zucht behält und nur im Nothfalle, wenn er es entbehren kann, für einen sehr hohen Preis verkauft; jedenfalls hält er darauf, eine bewährte gute Mutterstute so lange zur Zucht zu behalten, bis er in der jüngeren einen Ersatz hat. Es giebt in der Gemeinde Besitzer von 25 ha., welche 3 bis 4 werthvolle Stuten besitzen; diese Stuten ziehen neben der Arbeit jährlich Füllen und aus dem Verkauf der Absatzfüllen werfen sie eine verhältnißmäßig hohe Rente ab. Dies ist hier der allgemeine Zuchtzweck; die über den eigenen Bedarf hinaus producirten Füllen werden in der Regel als Saugfüllen gelegentlich der am Orte selbst stattfindenden Stuten-Konsignations- und Fohlen-Brenntermine des Königlichen Landgestüts Insterburg oder auf den Füllenmärkten in der Kreisstadt verkauft. Zu den Käufern gehören Händler und Besitzer größerer Gestüte und Güter. Diese Art der Pferdezucht scheint für den kleinen Besitzer am lukrativsten zu sein; ohne großes Risiko und ohne erhebliche Kosten erzielt er einen recht angemessenen Preis. Mit Aufzucht der Füllen, um sie dreijährig der Remonte-Kommission vorzustellen, befleißigen sich nur wenige und zwar namentlich die größeren Besitzer des Ortes und der Umgegend. Die Kosten der Aufzucht von Remonten, das Risiko mit eingerechnet, sind zu bedeutend. Rittergutsbesitzer Brandes*)-Althof-Insterburg berechnet dieselben aus eigener Erfahrung für angekaufte Fohlen auf 923 Mk. und für selbstgezogene auf 1088 Mk. pro Stück. Sind diese Summen für die Art der Stallaufzucht in bäuerlichen Wirthschaften, wo Pferde oft schon mit dem Eintritt in's dritte Jahr in Gebrauch genommen werden, vielleicht etwas zu hoch gegriffen, was Herr Brandes auch selbst zugiebt, so betragen sie doch noch immer so viel, um die Fohlenaufzucht für den kleineren Besitzer unrentabel zu machen. — Wird ein Füllen als disqualificirt zu Remontezwecken nicht verkauft, so findet es später zur Ausfüllung der im eigenen Pferdebestande eingetretenen Lücken Verwendung. — Das Produkt der hiesigen Pferdezucht bildet ein hochgezogenes edles Halbblut, das großen Ansprüchen auf Stärke und Formenschönheit zu genügen vermag.

Von größtem Einfluß auf die Förderung der Zucht ist auch hier wiederum der Central-Verein für Littauen und Masuren mit seinen jährlichen Thierschauen. Außerdem ist es den unausgesetzten Bemühungen dieses Vereins gelungen, ein ostpreußisches Stutbuch für edles Halbblut, ähnlich dem englischen General-Stutbuch, aufzulegen, in welches die Namen der durch eine besondere Kommission

*) Brandes, „die Kosten der Aufzucht von Remontepferden" (landw. Zeitschrift Georgine Jahrg. 1888 S. 111).

gemusterten und für geeignet befundenen Stuten aus Ostpreußen auf vorhergehenden Antrag des Besitzers eingetragen werden, um dadurch für alle Zeiten einen glaubhaften Nachweis des Ursprungs und der Abstammung für die späteren Produkte dieser betreffenden Zuchten zu besitzen. Der materielle Werth dieses Stutbuches für die Ostpreußische Pferdezucht wird hier auch in allen bäuerlichen Kreisen in seinem ganzen Umfange anerkannt. Die Eintragungen, welche mit dem Anfange des Jahres 1889 beginnen, erfolgen nach besonderen Bestimmungen, desgleichen die ganze Führung des Stutbuches*).

Was speziell die Fütterung der Pferde anbetrifft, so möchte ich noch bemerken, daß die Arbeitspferde neben ausreichenden Mengen Heu und Klee $2^1/_2$ bis 3 kg. Hafer oder geschrotetes Menggetreide mit Strohhäcksel vermischt pro Kopf und Tag erhalten. Das Kurzfutter wird in der Krippe etwas angefeuchtet. Die tägliche Ration an Heu und Klee wird nicht genau abgewogen und richtet sich ganz nach der Größe des davon in der Wirthschaft vorhandenen Vorraths; im Durchschnitt kann man sie auf $4^1/_2$ kg. Heu und $2^1/_2$—3 kg. Klee pro Pferd veranschlagen. Mutterstuten mit Füllen erhalten $^1/_2$ bis 1 kg. Haferzulage. Die Füllen selbst bleiben bis zum Alter von 7—8 Monaten bei der Stute, werden während dieser Zeit schon an Hafer gewöhnt und erhalten davon je nach Bedarf, um sie in gut genährtem Zustande so früh wie möglich vortheilhaft verkaufen zu können. Die zurückbehaltenen Füllen werden im ersten Jahre möglichst kräftig im Stall gefüttert; man giebt ihnen vom besten Heu und eine tägliche Ration von 3 bis 4 kg. Hafer.

Wie dienlich die gute Ernährung gerade im ersten Jahre ist, beweist die kräftige Entwickelung der Jährlinge. Im zweiten Jahre wird ihnen das Kraftfutter ganz oder theilweise je nach ihrem Zustande entzogen und kommen sie während des Sommers mitunter zusammen mit den jungen Kälbern in besondere, ergiebige Weidegärten. Die Winterfütterung im zweiten Jahre ist in Kraftfutter sehr eingeschränkt, nur im Nothfalle erhalten sie etwas, vielleicht $^1/_4$ kg. Hafer pro Tag; daneben Heu, Abfälle vom Dreschen, sogenanntes Abharkfel und Erbsenstroh. Sollen sie als Remonte vorgestellt werden, dann erhalten sie mit $2^1/_2$ Jahren wiederum eine stärkere Fütterung, die sich bis zum Markte auf 6 kg. Kraftfutter steigert. —

---

*) C. M. Stöckel, „das Ostpreußische Stutbuch für edles Halbblut und seine Bedeutung für unsere Landespferdezucht."

„Wo man bei uns in kleinen Wirthschaften gute Pferde findet, da findet man auch besseres Vieh“*). Dieser Satz hat auch für die Viehverhältnisse in Gr. B. seine Richtigkeit. Doch liegen die Anfänge zur Hebung der Rindviehzucht in einer viel späteren Periode als die der Pferdezucht und die Entwickelung der ersteren hat mit dem gedeihlichen Fortschritt der letzteren nicht gleichen Schritt gehalten. Vor 50 bis 60 Jahren wurde die ganze Zucht und Haltung von Rindvieh, besonders in den bäuerlichen Besitzungen, als ein nothwendiges Uebel angesehen, weil für die sämmtlichen Produkte dieser Zucht eine Nachfrage und genügende Absatzquellen fehlten. Allmählich fing man an ihr etwas größere Aufmerksamkeit zuzuwenden. Buck†) berichtet: daß die landwirthschaftliche Gesellschaft für Littauen (d. i. der spätere Central-Verein), die sich am 13. Juni 1821 aus hervorragenden Männern des Landes gegründet hatte, durch einen Beschluß der General-Versammlung von 1843 auf Kosten des Vereins und mit Subvention der Königlichen Staatsregierung Zuchtstiere anschaffte, welche gegen ein geringes Sprunggeld für die Kühe der kleineren Besitzer in einzelnen Kreisen aufgestellt wurden. Die im Kreise Insterburg vertheilten Stiere wurden, wie mir von glaubwürdiger Seite mitgetheilt, auch von Besitzern in Gr. B. in Anspruch genommen und war dieses wohl die Grundlage für die Verbesserung der Rindviehzucht am Orte. Die noch vor 20 bis 30 Jahren recht schwierige Beschaffung geeigneten Zuchtmaterials ist mit ein Hauptgrund gewesen, weshalb die Fortschritte der Rindviehzucht hinter denen der Pferdezucht zurückgeblieben sind. Einen segensreichen Einfluß auf die Verbesserung des Zuchtmaterials hat das Institut der Stierhaltungsgenossenschaften des Central-Vereins ausgeübt. Die Bildung dieser Genossenschaften geschieht in der Art, daß einige Besitzer mit einer bestimmten Anzahl von Kühen zu einer Vereinigung zusammentreten, welchen dann vom Central-Verein ein zinsfreies Darlehn zum Ankauf eines Zuchtstieres gewährt wird, gegen die Verpflichtung, dasselbe innerhalb 3—4 Jahren ratenweise zurückzuzahlen. Im Jahre 1886 gründete sich auch in Gr. B. eine solche Stierhaltungsgenossenschaft, welcher vom Verein ein Darlehn von 500 Mk. zum Ankauf eines Holländer Zuchtstieres bewilligt

*) C. M. Stöckel, „die Entwickelung und Erfolge des littauischen Landgestütes im ersten Jahrhundert seines Bestehens“ (landw. Zeitschrift „Georgine“ Jahrg. 1887 S. 213).

†) H. A. Bück, „Festschrift zur Feier des 50jährigen Bestehens des landwirthschaftlichen Central-Vereins für Littauen und Masuren S. 173).

wurde. Derselben gehören zur Zeit 18 Mitglieder mit 91 Kühen an. Der Stier kann, soweit es zulässig, auch von Nichtmitgliedern der Genossenschaft gegen ein etwas höheres Sprunggeld von 3 Mk. benutzt werden, während Mitglieder nur 2,50 Mk. pro Kuh zahlen. Der Stierhalter erhält eine Entschädigung für die Fütterung. Nach genügender Ausnutzung des Stieres wird derselbe an den Fleischer verkauft, und der Erlös ermöglicht es dann gewöhnlich, den Rest des Darlehns und die entstandenen Futterkosten bezahlen zu können. Auf diese Weise sind auch die kleinsten Wirthe in den Stand gesetzt, sich leicht und billig gute männliche Zuchtthiere zu beschaffen. — Die im Gemeindebezirk gezüchtete Rinderrasse ist aus Kreuzungen von alten littauischen Landschlägen mit holländischen Stieren hervorgegangen, und bemühen sich einzelne strebsame Besitzer, auch Kuhkälber reiner Holländer Rasse aus renommirten Heerden anderer Orte zur Weiterzucht zu kaufen.

Ein bestimmtes Ziel wird in der Rindviehzucht nicht verfolgt. Die Kühe dienen fast nur zur Deckung der für die Wirthschaft erforderlichen Milchmenge und die älteren werden, sobald sie im Milchertrage zurückgehen oder wiederholt güst bleiben, verkauft und durch neue Zuzucht ersetzt. Der durchschnittliche Milchertrag pro Jahr und Kuh beträgt 1500 bis 2200 Ltr. Hin und wieder kommen auch zwei- bis dreijährige tragende Stärken, die sich in ihren Körperformen genügend entwickelt haben, zum Verkauf. Besitzer, die über 50 ha. Land haben, versuchen die selbst aufgezogenen jungen Ochsen durch Zugabe von Kraftfuttermitteln (Schrot, Oelkuchen) im Alter von 2 bis 2½ Jahren verkaufsfähig zu machen, und erzielt diese Waare, wenn sie marktgängig an Händler verkauft wird, einen ganz ansehnlichen Preis. Eine vollständige Mastung von Vieh wird weder in der Gemeinde, noch in den umliegenden bäuerlichen Wirthschaften betrieben. Im Durchschnitt werden auf einer Besitzung von 75 ha. 7 bis 9 Kälber jährlich zugezogen, unter denen einige aus besseren Heerden größerer Güter herstammen. Die Kälber werden nicht bei der Mutter gelassen, sondern künstlich aufgetränkt. Die tägliche Milchmenge steigt allmählig von 1 bis 9 Ltr. frische Milch pro Tag, so daß das Maximum ungefähr in der sechsten Woche gegeben wird, und ebenso stufenweise vollzieht sich das Entwöhnen von der reinen Milchkost. Als ersten Ersatz für die entzogene Milch giebt man den Kälbern Haferschrot oder gequetschten Leinsamen, beides vorher bebrüht. So lange nun die Kälber im Stalle bleiben, und das geschieht leider meistens nur bis zum Beginn des Weideganges, erhalten sie nach Belieben das beste Heu und 1/2 bis 1 kg. Haferschrot oder Leinkuchenmehl und daneben womöglich noch einen Theil Magermilch. Die Ernährung läßt nichts zu wünschen übrig, bis im Frühjahr ein plötzlicher Uebergang von dieser Stallfütterung zum Weidegang erfolgt. Die Kälber werden zusammen mit der ganzen Heerde auf die Weide getrieben, ohne einen Ersatz für das ihnen im Stall gereichte Futter zu erhalten. Die übeln Folgen bleiben natürlich nicht aus; denn die ohnehin nicht besonders guten Weiden beginnen in der Zeit nach Johanni knapp zu werden und gewähren in dieser Zeit nur kümmerliche Nahrung. Nicht selten sieht man Kälber, die als Saugkälber in der Körperentwickelung das beste Gedeihen versprachen und zu den größten Hoffnungen berechtigten, in Folge der miserabeln Haltung als Jährlinge in ihren Formen vollständig zum Nachtheil verändert und im Wachsthum zurückgeblieben. Als ich gelegentlich meines Aufenthalts in Gr. B. einen Besitzer auf das Fehlerhafte dieser Aufzucht und den schlechten Zustand seiner Kälber aufmerksam machte, nickte er beifällig mit dem Kopfe und erklärte zu seiner Entschuldigung: „sie werden sich im Winter bei der Stallfütterung schon wieder erholen.“ Sie erholen sich aber nicht und wenn sie es thun, dann nur bei Verabreichung einer starken Ration an Kraftfutter, welches Geld kostet, so daß das Auffüttern der Kälber im Winter doppelt so theuer ist, als wenn die Ernährung eine ausreichende und naturgemäße geblieben wäre. Einige intelligentere Besitzer sind zur Einsicht gekommen und haben neuerdings versucht, die Kälber das erste Jahr hindurch im Stall zu füttern oder dieselben in besondere, fruchtbare Kälbergärten zu bringen, in denen sie neben reichlichem gesundem Futter auch gleichzeitig eine passende Tränke finden. Diese wenigen guten Beispiele harren der Nachahmung.

Die Ernährung des anderen Viehs geschieht im Sommer auf der Weide, im Winter im Stalle und bilden bei der Stallfütterung Klee, Heu, Stroh, Spreu und Hackfrüchte die hauptsächlichsten Futtermittel; die letzteren werden zerkleinert mit Spreu gemengt gegeben. Eine genaue Berechnung der täglich gereichten Futtermengen findet man in keiner Wirthschaft; nach der Größe der Futterernte wird ein Ueberschlag gemacht, ob man stark oder nur schwach füttern darf und darnach richtet man sich ein. Die Thiere erhalten ihre Nahrung in 5 täglichen Rationen bei zweimaligem Tränken und den nöthigen Ruhepausen. Kraftfuttermittel werden im Allgemeinen nur in sehr seltenen Fällen bei Futtermangel verabreicht. In größeren Wirthschaften erhalten die zum Verkauf bestimmten jungen Ochsen pro Kopf 1 bis 3 kg. Hanfkuchen mit Schrot von Menggetreide für die Dauer von 3 Monaten und die besten Milchkühe pro Kopf 1/2 bis 1 1/2 kg. Weizenkleie. Fehlende Absatzquellen für die Milch, schlechte Preise für Molkereiprodukte und mangelhaftes Verständniß für eine richtige zweckmäßige Fütterung des Rindviehs geben eine Erklärung dafür, daß man im Aufwand von Geldmitteln für Kraftfutter sich möglichst in der Reserve hält. Wohl ist die heutige Haltung und Pflege des Rindviehes derjenigen vergangener Jahre weit überlegen, dennoch darf man sie noch nicht annähernd eine rationelle nennen. Jedenfalls ist man zu der Erkenntniß gekommen, daß nicht die Menge des Viehs, sondern die Qualität und der Futterzustand desselben ausschlaggebend ist und aus dieser Ueberzeugung können weitere Fortschritte auf diesem Gebiete gemacht werden, um so mehr, als die Besitzer durch Eitelkeit, Ehrgeiz und Konkurrenz auf den jährlichen Thierschauen zur Züchtung immer bessern Materials und zu rationeller Pflege desselben angespornt werden.

Die Schafzucht in großem Maßstabe, auf feine Wolle und Mastergiebigkeit ausgehend, ist hier nicht vertreten und entspricht auch nicht den Verhältnissen bäuerlicher Wirthschaften. Die Schafzucht im Gemeindebezirk ist deshalb nie von Bedeutung gewesen. Die von den Besitzern gehaltenen und gezüchteten Schafe sind Kreuzungen von etwas Frankenschaf und holsteinischem Marschschaf mit den gewöhnlichen Landschafen, den sogenannten „Skudden"; dieselben dienen hauptsächlich zum Gebrauch im Haushalt und nur in Einzelfällen zum Verkauf an den Fleischer. Die ganze Schafzucht spielt im Vergleich zur Pferde- und Viehzucht eine untergeordnete Rolle; die Besitzer wenden ihr wenig Interesse zu und nehmen gegen Einführung leistungsfähiger Rassen eine ablehnende Stellung ein. Auch die Fütterung und Haltung der Schafe ist eine durchweg mangelhafte, da dieselben im Sommer mit den Schweinen zusammen auf die dürftigsten Weiden getrieben und den ganzen Winter hindurch mit dem schlechtesten Heu und Stroh gefüttert nur eine kümmerliche Ernährung finden.

Dagegen erfreut sich die Schweinezucht eines recht ausgedehnten Betriebes; selbst die ärmsten Familien befleißigen sich damit wenigstens in so weit, daß sie sich ein Paar Absatzferkel im Alter von 4 bis 6 Wochen kaufen, diese von den Abfällen der Wirthschaft mit Zugabe von etwas Getreideschrot und Kartoffeln bis zum Alter von 12 bis 15 Wochen füttern und dann als gängiges Handelsprodukt verkaufen. Die Besitzer halten gewöhnlich 2—4 Zuchtsäue, deren Ferkel entweder als Absatzferkel zu weiteren Zuchtzwecken veräußert, oder so lange gehalten werden, bis sie als Marktwaare mit Vortheil verkauft werden können. Wie bedeutend die Rentabilität der Schweinezucht bei hohen Preisen mitunter zu sein pflegt, beweist der Erlös von 600 Mk., welchen ein Besitzer des Ortes von ca. 50 ha in einem Jahre aus diesem Wirthschaftszweig erzielt hat. Selbstredend ist dieses nur ein Ausnahmefall und ist die Schweinezucht nicht alljährlich so nutzbringend, namentlich in den letzten Jahren nicht, in denen die Rothlaufseuche verheerend unter einzelnen Schweinebeständen gewüthet hat. Durch Veredlung des alten Landschweines mit englischem Material, vorzüglich mit der Yorkshire-Rasse ist es gelungen, sehr fruchtbare Thiere zu züchten, welche mit gesunder Konstitution und gewünschter Formenentwickelung den heutigen Anforderungen des Marktes ganz und voll entsprechen.

Von Geflügel findet man in der Gemeinde die Hühner-, Enten- und Gänsehaltung vertreten. Hühner sieht man in jedem Haushalt; aber allein die arbeitende Klasse erzielt durch Verkauf von Eiern und Keucheln eine Einnahme. Enten halten nur einige größere Besitzer zu eigenem Bedarf und die Gänsezucht, die vor 10 bis 15 Jahren am Orte in recht umfangreicher Weise betrieben wurde, hat heute fast ganz aufgehört, da die Mühe, Umstände und Kosten bei der Aufzucht in keinem Verhältniß zum Werth stehen und die bedeutenden Zufuhren russischer Gänse jede Nachfrage nach diesem Artikel befriedigen. —

Die Bienenzucht, welche früher sehr vernachlässigt war, scheint in neuerer Zeit einen Aufschwung zu nehmen. Namentlich sind es die Lehrer der Gemeinde und der Nachbargegend, welche theilweise die von Seiten der Königlichen Regierung und der Bienensektion des landwirthschaftlichen Central-Vereins eingerichteten Bienenkurse durchgemacht haben und die Aufmerksamkeit der Besitzer auf die Ergiebigkeit der Bienenhaltung lenken. Auf Grund der in den Kursen erworbenen Kenntnisse und mit Hülfe gesammelter Erfahrungen betreiben die Lehrer fast ohne Ausnahme Bienenzucht mit Erfolg und stehen den Bienenzüchtern ihrer Gemeinden mit Rath und That zur Seite. Von der Einträglichkeit dieses Nebenerwerbszweiges in der Landwirthschaft, dessen Betriebskosten so gering sind, giebt folgendes

Beispiel Zeugniß: Ein von Gr. B. 4 km. entfernt wohnender Besitzer hatte vor 2 Jahren einen Honigertrag von 400 Ltr., und brachte ihm derselbe eine baare Einnahme von 700 Mk. ein. Solche Erfolge sind natürlich geeignet, das Interesse für Bienenzucht überall zu fördern.

Verkehrs-, Preis- und Absatzverhältnisse.

Vor 20 bis 30 Jahren waren die Kommunikationswege im engeren Bezirk der Gemeinde und deren Umgegend noch recht mangelhaft. Große Wasserpfützen in der Mitte, die Geleise so tief wie möglich ausgefahren, an den Seiten sehr spärlich mit Bäumen besetzt, welche vielleicht nur den Zweck gehabt haben, annähernd auf die Richtung des Weges hinzuweisen, boten die Landwege ein recht trostloses Bild der Verwahrlosung und Vernachlässigung. Das Wasser ließ sich auch nicht so leicht entfernen, als man vielleicht denken könnte, denn die Wege waren größtentheils unbegraben, und wo zufällig ein Graben vorhanden, da konnte man von Glück sagen, in finsterer Nacht gefahrlos jene Strecke passirt zu haben. Zumal in der Frühjahrs- und Herbstzeit bei anhaltenden Regengüssen waren die Wege vollständig grundlos und für Wagen jeder Art absolut unpassirbar, denn zur Verbesserung geschah so gut wie garnichts; in diesen Perioden wagte man nur bei dringend nöthigen Geschäften nach der Stadt zu reisen entweder per pedes oder zu Pferde, wobei man dann den Weg selbst wohlweislich mied und den daneben gelegenen Acker als solchen benutzte. Deshalb war es für diese Gegend eine wichtige Errungenschaft, als im Jahre 1866 die Kreischaussee von Insterburg nach Gr. B. fertiggestellt und in den Jahren 1866 bis 1867 dieselbe von Gr. B. nördlich bis nach dem 1500 Einwohner zählenden Marktflecken M. weitergeführt wurde. Durch diese Chaussee wurde namentlich der Verkehr mit der Kreisstadt wesentlich erleichtert. Brauchte man früher auch bei besserem Wetter halbe Tagereisen und die doppelte Bespannung, um mit einem leichten Wagen von Gr. B. nach Insterburg zu kommen, so gelangt man heute mit schweren Lastfuhren bequem in kaum zwei Stunden dorthin. Dieser leichtere Verkehr hatte natürlich auch einen günstigen Einfluß auf die Absatzverhältnisse des Ortes wie des ganzen umliegenden Bezirkes. Von Insterburg aus waren die Verkehrsverhältnisse ja schon besserer Art; die im Jahre 1853 für die Strecke Insterburg—Königsberg eröffnete Ostbahn, die in späteren Jahren erfolgte Erweiterung dieses Bahnnetzes und der Bau der Thorn-Insterburger Eisenbahn, welche die großen Konsumplätze Deutschlands erschloß, hatten einen gewaltigen Aufschwung im Preise und Absatz sämmtlicher landwirthschaftlichen Produkte Ostpreußens zur Folge und namentlich erwuchsen denjenigen Ortschaften des Kreises Insterburg größere Vortheile, welche möglichst nahe an der Stadt lagen und dieselbe leicht erreichen konnten. Zu diesen zählte auch unser Gemeindebezirk, dessen Kommunikationswege mit den Nachbargemeinden jetzt ein ganz anderes Bild als damals zeigen. Dieselben sind seit den letzten 5 Jahren fast durchweg bekiest, vorschriftsmäßig bepflanzt und begraben und gestatten zu jeder Jahreszeit einen bequemen Verkehr. Dank der Thätigkeit der Verwaltungsbehörden sind diese Verbesserungen durch die Gemeinden mit Unterstützung von Seiten der Königlichen Regierung ausgeführt und haben die Besitzer die Verpflichtung auf gehörige Instandhaltung der ihnen zugewiesenen Strecken zu achten.

Die Veräußerung der Produkte des Ackerbaues von Gr. B. pflegt gewohnheitsmäßig an Getreidehändler der Kreisstadt zu geschehen, entweder in größeren Posten nach vorher eingeschickter Probe, oder in kleinen nach Sicht des Käufers. Besitzer kleinerer Wirthschaften von 10—20 ha. Größe besuchen gewöhnlich an einem der beiden Wochenmarkttage die Stadt und bieten neben andern Wirthschaftserzeugnissen gleichzeitig jedes Mal auch einige Scheffel Getreide feil. Der Preis für Getreide stellt sich in Insterburg im Durchschnitt 20 bis 30 Pfg. pro Scheffel billiger als in der nächsten ca. 90 km. davon entfernten Haupthandelsstadt Königsberg, wohin der größte Theil des im ganzen Regierungsbezirk Gumbinnen gekauften Getreides abgesetzt wird. Ebensoviel pro Scheffel weniger als in Insterburg zahlen Kaufleute aus Gr. B., wenn sie von den in natura gelohnten Arbeitern einen Theil des Deputats oder in Ausnahmefällen von Besitzern kaufen. Ueber die Höhe der in der Kreisstadt gezahlten mittleren Jahresdurchschnittspreise für Produkte, welche auch aus der Gemeinde Gr B. zum Verkauf kommen, giebt umseitige Tabelle Aufschluß. Die Preise für Heu und Stroh sind weggelassen, weil damit kein Handel in Gr. B. getrieben wird, dafür sind diejenigen für Butter und Eier aufgenommen. Die bedeutende Höhe der Preise pro 1868 erklärt sich durch den Nothstand dieses Jahres. Die Preise für die Ackerbauprodukte sind im Jahre 1888 gegen 1876 zurückgegangen und zwar beträgt der Preisrückgang im Durchschnitt 19—26 % pro 100 kg. Die Butterpreise sind um 18,47 % pro 1 kg. und die Eierpreise um 16,72 % pro Schock niedriger geworden.

Mittlere Jahres-Durchschnittspreise der Stadt Insterburg*).

Jahr.	Der mittlere Durchschnitts-Marktpreis hat betragen für:																				
	Weizen.			Roggen.			Gerste.			Hafer.			Erbsen.			Kartoffeln.		Butter.		Eier.	
	Thlr.	Sgr.	Pf	Thlr.	Sgr.	Pf	Thlr.	Sgr.	Pf	Thlr.	Sgr.	Pf.	Thlr.	Sgr.	Pf.	Sgr.	Pf.	Sgr.	Pf.	Sgr.	Pf.
	pro Scheffel.																	p. 1 kg.		p.Schck.	
1868	3	17	2	2	18	10	2	5	2	1	9	6	2	22	6	28	4	8	10	23	11
	pro 100 Kilogramm.																	p. 1 kg		p.Schck.	
	Mark		Pf.	Mark		Pf.	Mark		Pf.	Mark		Pf.	Mark		Pf.	Mk.	Pf.	Mk.	Pf.	Mk.	Pf.
1876	20		09	14		88	13		97	14		48	16		13	4	98	2	22	3	20
1877	21		85	14		82	13		21	11		78	13		76	5	47	2	06	3	15
1878	18		88	12		13	13		02	10		32	13		48	5	26	1	93	2	90
1879	18		57	12		32	12		18	10		33	13		90	4	84	1	71	2	77
1880	19		83	17		15	13		96	13		10	16		68	6	45	1	97	2	80
1881	20		31	17		86	14		17	13		87	16		16	5	82	2	06	2	94
1882	19		47	13		32	12		24	11		77	15		21	4	43	2	03	2	85
1883	18		05	12		66	12		31	11		64	16		39	5	62	2	15	2	93
1884	15		89	12		77	12		60	12		04	17		03	5	69	2	08	2	94
1885	15		71	12		90	12		91	12		36	15		45	4	35	1	87	2	80
1886	14		90	11		96	12		09	11		47	13		27	3	46	1	81	2	74
1887	15		51	10		38	10		46	8		98	11		16	3	81	1	86	2	54
1888	16		10	11		20	10		91	10		69	12		78	5	23	1	81	2	65

Die schlechte Kartoffelernte pro 1888 erklärt die Steigerung der Kartoffelpreise.

Die Produkte der Thierzucht werden entweder an Händler an Ort und Stelle, oder gelegentlich der Wochen- und Viehmärkte in Insterburg verkauft. Von letzteren giebt es 12 im Jahre und zwar 7 für Pferde (darunter ein Fohlen- und ein Remontemarkt) und sechs für Rindvieh (darunter 2 Ochsenmärkte). Außerdem wird der jährlich im Sommer stattfindende große Viehmarkt in der Stadt Wehlau besucht, welcher ungefähr 37,5 km. von der Gemeinde abgelegen ist. Einige Händler, welche nach der Gemeinde kommen, haben ihr Augenmerk besonders auf den Schweinehandel gerichtet, kaufen daneben aber auch Kühe und Ochsen, andere suchen zu Remontezwecken geeignete junge Pferde, namentlich Absatzfüllen für größere Güter zu kaufen. Die Preise für gutes Pferdematerial haben sich seit Jahren auf einer bestimmten Höhe erhalten. Gute Mutterstuten repräsentiren einen Werth von 1500 bis 2000 Mk. pro Stück und noch darüber, sind jedoch nur selten verkäuflich. Für gut geformte

*) Ausgezogen und zusammengestellt aus den bezüglichen Akten des Insterburger Magistrats.

Hengstfüllen zahlt man 300 bis 500 Mk., während andere Absatzfüllen für 150 bis 300 Mk. verkauft werden. Gebrauchspferde bringen auf dem Markt einen Erlös von 150 bis 450 Mk. und die erzielten Remontepreise schwanken zwischen 450 bis 700 Mk.

Die Preise für Rindvieh, hauptsächlich für Ochsen, sind durch Erschließung der Provinz durch die Ostbahn um 100 % gestiegen. In der letzten fünfjährigen Periode sind sie etwas gefallen, doch wird recht gute Waare noch immer vortheilhaft abgesetzt. Tragende Kühe im besten Alter verkauft man von hier aus für 200 bis 250 Mk., ältere, welche an den Fleischer ausrangirt werden, bringen je nach dem Futterzustand 120 bis 160 Mk. und junge 2- bis 2½ jährige angefleischte 8—9 Ctr. schwere Ochsen werden mit 160 bis 200 Mk. bezahlt. Die Preise für Kälber, welche die Besitzer aus anderen Heerden zur Zucht beziehen, sind von dem Material und der Bezugsquelle abhängig und variiren zwischen 20 bis 40 Mk. Von den Preisen der andern Produkte der Rindviehzucht sind diejenigen für Butter aus der Tabelle ersichtlich, doch findet nur ein geringer Butterabsatz nach Insterburg statt. Für Milch bot vor 4 Jahren die nach Swarz'schem System eingerichtete Meierei eines 3,2 km. abliegenden Gutes eine verlockende Absatzquelle. Das glatte Geschäft, die regelmäßige monatliche Einnahme und der verhältnißmäßig gute Preis — es wurden im Sommer 7, im Winter 8 Pfg. pro Ltr. gezahlt — vermehrten bald die Zahl der Milchlieferanten und der Kühe. Leider wurde schon nach 2 Jahren in Folge der niedrigen Butterkonjuncturen der Preis für die Milch auf 5 und 6 Pfg. pro Ltr. herabgesetzt, und in Folge dessen stellten die Besitzer aus der Gemeinde Gr. B. die Milchlieferungen vollständig ein, da sie die Milch in der Wirthschaft besser verwehrten konnten.

Schafe kommen sehr selten zum Verkauf und werden entsprechend ihrer dürftigen Ernährung mit 8 bis 12 Pfg. pro Pfund lebend Gewicht bezahlt.

In der Schweinezucht sind die Preise im Laufe der letzten Jahre auch etwas gedrückt. Vier bis sechs Wochen alte Absatzferkel werden für 3 bis 6 Mk. gekauft und nach 8- bis 9wöchentlichem Füttern für 12 bis 18 Mk. an Händler verkauft, oder auch so lange gehalten, bis sie bei einem Gewicht von ca. 1 Ctr. 24 bis 28 Mk. bringen. Gute kernfette 2—3 Ctr. schwere Mastschweine bezahlt man mit 60—100 Mk.

Gebäude, Einrichtung des Wirthschaftshofes und todtes Inventar.

Die Gesammtzahl der Gebäude im Gemeindebezirk betrug im Jahre 1866 (Auszug aus der Katasterrolle) 95; nämlich 38 steuerpflichtige und 57 steuerfreie. Von den ersteren waren 35 Wohngebäude zu 4 % und 3 gewerbliche Anstalten (Nebengebäude) zu 2 % besteuert. Sämmtliche Gebäude bestanden durchgehend aus Holz resp. Lehm- oder Steinmauern mit Strohdach. Zur Zeit giebt es 124 Gebäude, also 31 mehr als im Jahre 1866; von diesen sind 45 Wohngebäude, darunter Pfarr- und Schulhaus, 58 Wirthschafts- und Nutzgebäude des landwirthschaftlichen Betriebes und 23 Nebengebäude, wozu Kirche und Spritzenhaus gehören. Von den Wohngebäuden sind 20 massiv, 9 von Lehm und 16 von Holz; von den massiven besitzen 17 Ziegel- und 3 Strohdach, bei den aus Lehm gebauten haben 4 Ziegel- und 5 Strohdach und auf die hölzernen kommen 1 Ziegeldach, 2 Schindel- und 13 Strohdächer. Die übrigen Gebäude sind zu $^2/_3$ massiv mit Ziegel-, Schindel- und Strohdach, während nur ungefähr noch $^1/_3$ aus Holz gebaut sind, aber als Bedachung neben Stroh auch schon Schindeln und Pfannen aufzuweisen haben. Die Gebäude befinden sich im Allgemeinen in einem guten baulichen Zustande.

Das Bauernhaus, d. i. dasjenige, in welchem der Bauer seine Wohnstätte aufgeschlagen hat, wird in der Regel von ihm und seiner Familie nebst dem dazugehörigen unverheiratheten Gesinde allein bewohnt; mitunter pflegt er auch seine oder seiner Frau Eltern bei sich zu haben, welche als Altsitzer oder sogenannte Ausgedinger zeitlebens auf ihrem früheren Besitzthum bleiben. Ein Bauernhaus enthält in der Regel nur 2 Wohnungen, für jede Famile eine. Mancher Bauer besitzt außerdem noch ein bis fünf Häuser; dieselben haben ebenso wie die Häuser der Eigenkäthner 4 Wohnungen, welche aus je einer ein- oder zweifenstrigen Stube mit oder ohne Kammer bestehen. Diese Wohnungen werden an Handwerker, Beamte oder Arbeiter vermiethet. — Der jährliche Miethspreis für bessere Wohnungen, unter denen schon solche mit 2 Zimmern und Küche zu verstehen sind, schwankt zwischen 105 bis 135 Mk., dabei erhalten die Miether obendrein noch etwas Gartenland und Stallraum für Brennmaterial, Schweine, Kuh und Hühner. Die kleinen Wohnungen bringen eine Miethe von 30 bis 36 Mk. und dazu die Verpflichtung für den Miether, dem Vermiether zur Zeit der dringendsten Erntearbeiten bestimmte Arbeitstage zu leisten. So angenehm diese Art des Vermiethens für den Besitzer ist, so nachtheilig kann sie auf der andern Seite für ihn werden, weil die von Jahr zu Jahr wachsende Zahl dergleichen Wohnungen dem Zuziehen von Arbeitern der verschiedensten Art Vorschub leistet. Ich komme darauf später noch zurück. — Alle Häuser außer einem neuen, das aus zwei Stockwerken besteht, sind einstöckig und bei zweien findet man auf der Längsseite einen Giebel in der zweiten Etage herausgebaut. Die innere Einrichtung der Wohnräume hat gegen früher eine bedeutende Aenderung erfahren. Wohnungen, aus denen man vor 15 bis 20 Jahren direkt durch eine Thür in die Stallräume gelangen konnte, existiren heute nicht mehr. So anheimelnd es auch damals manchem erscheinen mochte, mit Schwein, Schaf und Federvieh unter einem Dache zu wohnen, so wünschenswerth ist es in sanitärer Beziehung, daß solche Verhältnisse beseitigt sind. In den Häusern mit 4 Stuben befindet sich in der Stube ein Heerd in einer Mauervertiefung, von wo aus der Rauch bequem in den Schornstein steigen kann. Ein mehr oder weniger tiefes Loch unter den Dielen dient als Kellerraum. Viele Wohnungen sind noch ungedielt. Aus der Hausflur, welche das Haus in der Mitte quer durchschneidet, führt eine einfache Leiter zum Bodenraum, auch „Lucht" genannt, wo alle möglichen Handwerkszeuge und Wirthschaftsutensilien aufbewahrt werden. Die einstöckigen Häuser mit 2 Wohnungen und auch die besseren Wohngebäude haben den Heerd in besonderen Küchenräumen und auch aparte Keller. Die Zimmerhöhe läßt bei allen älteren einfachen Häusern zu wünschen übrig, desgleichen die Größe der Fensteröffnungen. Bei Neubauten wird dieser Fehler vermieden; man achtet mehr auf gute Baumaterialien, solide Bauart und befolgt die Prinzipien der Zweckmäßigkeit.

Auch die Einrichtungen der Wirthschaftsräume, die in Folge der höheren Ertragsfähigkeit des Ackers und der vermehrten Thierhaltung erweitert sind, haben Fortschritte aufzuweisen. Die geräumigen Ställe sind hell und sauber, mit genügender Ventilation versehen, der Gesundheit der Thiere zuträglich und gewähren ihnen den nöthigen Schutz gegen Klima und Witterung. Der Raum über den Stallungen dient zur Unterbringung des Futters; die Stalldecken sind nicht zweckentsprechend, da die meisten aus einer Lage von losen Brettern und Stangen bestehen; nur in einzelnen neueren Ställen sieht man massive Decken. Raufen und Krippen sind von Holz in einfacher Weise hergestellt; die Raufen haben häufig den Fehler, daß ihnen die Hälfte der Sprossen fehlt. Die Speicherräume sind entweder in Nebengebäuden oder auf der „Lucht“ eingerichtet und bergen der Hauptsache nach das für die eigene Wirthschaft nöthige Getreide.

Zu einem Wirthschaftshof gehören gewöhnlich 4 Gebäude, nämlich das Wohnhaus, an das sich ein Garten schließt, zwei Ställe und eine Scheune. Das Wohngebäude steht mit seiner Front meistentheils gegen die Straße gekehrt, ihm gegenüber liegt die Scheune und zwischen beiden links und rechts liegen die beiden Ställe, so daß das ganze Gehöft ein Viereck, fast ein Rechteck bildet, dessen kürzere Seiten die Stallgebäude darstellen. In der Mitte liegt der Brunnen; an einer Seite des Hofes die Düngerstätte, die in einzelnen Wirthschaften einen Teich bildet. Hier wird der Dünger ausgelaugt, die Jauche nimmt bei Regengüssen ungehindert ihren Abzug vom Hofe und geht verloren. In gleicher Weise geschieht dieses auch aus manchen Ställen, in denen der Dünger bis zum Ausfahren liegen bleibt; je höher die Düngerlage, desto mehr Jauche fließt durch die schadhaft gewordenen Mauern ab, und wird dem Acker entzogen. —

Besondere Räume zur Unterbringung und Aufbewahrung des todten Inventars sind nur vereinzelt vorhanden; im Allgemeinen hat dasselbe seinen Platz auf dem Hofe selbst, ausgenommen die werthvolleren Maschinen und kleinere Geräthschaften wie Harke, Spaten, Forke u. dergl. m., welche im Scheunenraum untergebracht sind.

Die gewaltigen Fortschritte in der Industrie haben neue praktische Erscheinungen im landwirthschaftlichen Geräthe- und Maschinenwesen zu Tage treten lassen, von denen viele den Besitzern des Orts zur Anwendung in ihrem Betriebe willkommen sind. Von nützlichen Ackerinstrumenten ist der dreischaarige Schälpflug im Jahre 1886 in zwei Wirthschaften eingeführt und wird seine Bedeutung für die rationelle Ackerkultur fast allgemein anerkannt; die alte ostpreußische Zoche hat überall dem eisernen Pferdepflug weichen müssen. Bildet die 4 balkige 6' lange hölzerne Egge auch noch in jedem Bauernhof einen Bestandtheil des todten Inventars, so tauchen doch schon schottische Eggen als gefährliche Rivalen auf und beschränken ihre Anwendung. Grubber, Krümmer, Extirpatoren und Walzen finden fortschreitend Beachtung und nimmt deren Verbreitung zu. Von anderen Wirthschaftsgeräthen und Maschinen, die sich im Gebrauch bewähren, müssen noch Pferderechen, Häcksel- und Dreschmaschinen erwähnt werden. Die vor 12 Jahren allgemein benutzte Häcksellade findet jetzt nur in Wirthschaften mit kleinem Viehstand Verwendung. Während vor

20 Jahren, nach Aussage eines älteren Besitzers, im ganzen Dorfe 3 höchst einfach konstruirte Dreschmaschinen vorhanden waren, welche reihum von den Besitzern gebraucht wurden, existiren deren heute neun, die in ihren Systemen mit den Erfindungen der Neuzeit mitgehen und festes Privateigenthum der einzelnen Besitzer sind. Sämmtliche Dreschmaschinen haben Göpelbetrieb. Lokomobilen finden wegen der zu hohen Kosten und des großen Bedarfs an Arbeiterpersonal keinen Eingang.

Versicherungs-, landwirthschaftliches Vereins- und Genossenschaftswesen.

In der Entwickelung des Versicherungswesens befindet sich manches Eigenthümliche. Die Versicherung gegen Feuer, namentlich in Bezug auf Gebäude, hat sich schon recht lange in der Gemeinde eingebürgert. Zum größeren Theil sind die Besitzer bei der ostpreußischen landschaftlichen, zum kleineren bei der ländlichen Feuersocietät zu Königsberg versichert. Das todte und lebende Inventar und der Einschnitt pflegten vor zehn Jahren nur von intelligenteren Besitzern versichert zu werden, bis die Wichtigkeit dieser Maßnahme mit der Zeit allgemeinere Anerkennung fand, so daß heute nur die Eigenkäthner und einige kleine Bauern von dieser Versicherung abstehen; das Hausmobiliar wird noch sehr selten in die Versicherung mit eingeschlossen. Als Feuerversicherungsanstalten für diese Zwecke werden im Bezirk verschiedene reelle Privat-Versicherungsgesellschaften benutzt, wie z. B. die Aachen-Müchener, die Berlinische und Magdeburger Gesellschaft, deren Prämien nach Art und Lage der Gebäude bemessen werden, welche die versicherten Gegenstände bergen. — „Daß die Hagelversicherung so viel später aufgekommen und weniger verbreitet ist als die Feuerversicherung, rührt nicht her von der geringeren Empfindlichkeit des Hagel-Schadens, sondern von seiner größeren Ueberechenbarkeit."*) Die Unmöglichkeit, den Umfang des eintretenden Hagelschadens genau vorauszusehen und zu berechnen, bringt es mit sich, daß die von den Versicherten gezahlten Prämien in manchem Jahre Nachschüsse von 50 bis 75 % und darüber erfordern. Solche Vorkommnisse wirken hemmend auf die Ausbreitung der Hagelversicherung und sind auch nicht zu vermeiden, da bei Erhöhung der Prämie von vornherein jeder Bauer zurücktreten würde. Deshalb hat man hier erst seit 5 bis 8 Jahren

*) Roscher, Nationalökonomik des Ackerbaues XII. Aufl. S. 587.

versucht, gegen Hagel zu versichern und gewöhnlich haben die intelligenteren größeren Besitzer den Anfang gemacht. Der richtige Littauer versichert grundsätzlich nicht, weil er sich keine Vorstellung von der Größe eines Hagelschadens macht und weil er die damit verbundenen Ausgaben scheut. Die von einigen Hagelversicherungsgesellschaften, bezw. der Norddeutschen Hagelversicherungsgesellschaft zu Berlin getroffene Einrichtung von Versicherungen ganzer Gemeinden*), welche den Zweck haben, der bäuerlichen Landbevölkerung die Hagelversicherung leichter und mit geringeren Kosten verbunden zu ermöglichen, haben in dieser Gegend noch keinen Eingang gefunden, wahrscheinlich aus dem Grunde, weil dieses noch zu wenig bekannte Institutionen sind und jeder Bauer mit einem gewissen Gefühl der Furcht an alles Neue herantritt. —

Desgleichen macht sich eine Versicherung des Nutzviehs gegen die Gefahren der Erkrankung, des Unfalls und des Sterbens noch nicht bemerkbar.

Bei allen ländlich-bäuerlichen Versicherungen, welche in dieser Gegend abgeschlossen werden, besonders aber bei allen Versicherungen gegen Feuersgefahr kann man die Beobachtung machen, daß vielleicht mit alleiniger Ausnahme der Gebäude, das gesammte Inventarium, der ganze Einschnitt und das Hausmobiliar nie zum vollen Werthe versichert werden. Selbst bei Gebäuden wird häufig nur die Hälfte oder $^2/_3$ des Bauwerthes versichert; daher kommt es, daß Besitzer bei eintretendem Brandunglück oft bedeutende Verluste erleiden, die noch fühlbarer sein würden, wenn nicht einer hergebrachten Sitte gemäß Freund und Feind dem so schwer Geschädigten in jeder Weise Unterstützungen gewähren würden, sei es in Hergabe von Geld oder Naturalien, sei es in Hülfeleistung beim Wiederaufbau der abgebrannten Gebäude. Dieser in so ausgedehntem Maße entgegengebrachte Beistand wird in vielen Fällen mißbraucht, und der vom Brandunglück Heimgesuchte macht sich kein Gewissen daraus, die ihm gebotenen Hilfsquellen über das gebührliche Maß hinaus in Anspruch zu nehmen.

Bezüglich des landwirthschaftlichen Vereins- und Genossenschaftswesens muß neben der vorher erwähnten Stierhaltungs-Genossenschaft noch der im Orte tagende landwirthschaftliche Ortsverein genannt werden, welcher dem Central-Verein für Littauen und Masuren als Mitglied angehört. Derselbe wurde im Jahre 1879 ge-

*) Landwirthschaftliche Zeitung „Georgine" Jahrg. 1888 S. 118.

gründet und besteht zur Zeit aus 50, theils im Dorfe theils in der Umgegend wohnenden Mitgliedern, welche größtentheils Landwirthe sind. An den Vereinsabenden werden landwirthschaftlich interessante Fragen erörtert, und nimmt auch der eine Wanderlehrer des Central-Vereins Gelegenheit, öffentliche belehrende Vorträge zu halten. Durch den Vorsitzenden des Vereins beziehen die Vereins-Mitglieder nach vorher gemachten Bestellungen gemeinschaftlich landwirthschaftliche Bedarfsartikel in Form von Sämereien (Rüben- und Wruckensamen) aus renommirten Samen-Handlungen in bester Qualität. Der Vorsitzende vermittelt als Mitglied des ländlichen Wirthschafts-Vereins E. G., welcher seinen Sitz in der Kreisstadt Insterburg hat, den Bezug künstlicher Düngemittel, ohne daß ihm dabei ein Risiko erwächst, weil er die Vermögenslage und Zahlungsfähigkeit der einzelnen Vereinsmitglieder kennt. Auf diese Weise wird selbst jedem kleinen Besitzer, welcher Mitglied des Vereins ist, neben dem Vortheil des Großeinkaufs die Gewißheit geboten, die Düngerwaare in bester Qualität zu möglichst solidem Preise kaufen zu können. —

Der ländliche Wirthschafts-Verein E. G. in Insterburg, welchem auch einige größere Besitzer dieser Gegend angehören, wurde auf Anregung des landwirthschaftlichen Central-Vereins für Littauen und Masuren am 23. November 1871 gegründet mit dem Zweck, seinen Mitgliedern Wirthschaftsbedürfnisse aller Art, vorzugsweise künstliche Düngemittel, Futterstoffe und Saaten in bester Beschaffenheit zu möglichst angemessenen Preisen zu beschaffen und Produkte der Landwirthschaft im Auftrage der Mitglieder zu verwerthen. Während 16jähriger Thätigkeit hat dieser Verein für seine Mitglieder sowohl, wie für viele andere Landwirthe segensreich gewirkt, was daraus hervorgeht, daß derselbe am Schlusse des ersten Geschäftsjahres bei einer Mitgliederzahl von 96 und einem Gesammtumsatz an Waaren für 92937 Mk. einen Reingewinn von 759 Mk. erzielte, wogegen am Schlusse des Jahres 1887 bei einer Mitgliederzahl von 208 und einem Gesammtumsatz von 606070 Mk. der Reingewinn 12728 Mk. betrug, welcher allein den Mitgliedern zu Gute kam.

Im Jahre 1885 entstanden im Regierungsbezirk Gumbinnen 2 landwirthschaftliche Konsum-Vereine, die auf Grund eines Statutes unter der Firma „Geschäfts-Verband landwirthschaftlicher Konsum-Vereine“ mit dem ländlichen Wirthschafts-Verein einen Verband bildeten. Dem Statut zufolge bezweckt dieser Verband:

1. gemeinsamen Einkauf aller Waaren, welche die einzelnen Konsum-Vereine für ihre Mitglieder liefern;

2. gemeinsamen Bezug landwirthschaftlicher Produkte;

3. die Durchführung der chemischen Kontrole aller gekauften Waaren durch die agrikulturchemische Versuchsstation in Insterburg;

4. die Durchführung regelmäßiger Revisionen der Bücher und der Verwaltung der einzelnen Vereine;

5. Förderung der einzelnen Vereine durch Besprechung und Belehrung über genossenschaftliche Organisations- und Geschäftsangelegenheiten.

Im Anschluß an den ländlichen Wirthschaftsverein, welcher als Centralstelle die Einkäufe für die zum Geschäftsverbande gehörenden Vereine besorgt, haben sich im Laufe der letzten beiden Jahre weitere 6 Konsum-Vereine gebildet, so daß zur Zeit dem Geschäfts-Verbande außer dem ländlichen Wirthschafts-Verein 8 Konsum-Vereine mit zusammen gegen 600 Mitglieder angehören und weitere noch im Entstehen begriffen sind. — Diese genossenschaftliche Organisation auf landwirthschaftlichem Gebiete findet auch im vorliegenden Gemeindebezirk und in den umliegenden Ortschaften immer mehr Anhänger, und man scheint allgemein zu der Ueberzeugung zu kommen, daß durch diese genossenschaftliche Thätigkeit den Landwirthen unberechenbare Vortheile erwachsen und diese Art des gemeinsamen Vorgehens es ermöglichen muß, die Landwirthe beim Einkauf ihrer hauptsächlichsten landwirthschaftlichen Bedarfsartikel gegen Uebervortheilung und Betrug seitens gewissenloser Händler zu schützen.

Bevölkerungs- und Arbeiter-Verhältnisse.

Die ortsanwesende Bevölkerung der Gemeinde Gr. B. bestand im Jahre 1867 aus 470 Personen (Zählungstabellen des Königlichen Landrathsamts in Insterburg), im Jahre 1871 war sie auf 495 Personen mit 101 Haushaltungen angewachsen und zur Zeit besteht sie aus 112 selbstständigen Haushaltungen mit 533 Seelen. Die Einwohnerzahl hat also in 20 Jahren um 63 Personen, d. i. 13,4 % zugenommen. Nach einer von mir in der Gemeinde selbst gemachten Zusammenstellung vertheilen sich diese 533 Köpfe auf die verschiedenen Geschlechts- und Altersklassen folgendermaßen:

unter 15 Jahren		von 15—50 Jahren		über 50 Jahre	
männlich.	weiblich.	männlich.	weiblich.	männlich.	weiblich.
90	114	112	120	43	54

Die Bevölkerung ist halb deutscher, halb littauischer Abkunft, doch sind die Littauer theilweise schon germanisirt; zu erstern gehören eine Reihe von Salzburgern, Nachkommen von denjenigen, die unter Friedrich Wilhelm I. eingewandert sind und viel zur Hebung der Kultur beigetragen haben. Außer 3 Personen mosaischer Konfession, welche vor 10 Jahren in der Gemeinde ansässig wurden, sind sämmtliche evangelisch. —

Von den 112 Haushaltungen betreiben 31, also ca. 26 %, die Landwirthschaft als Hauptberuf, die übrigen, welche sich zum Theil auch mit Landwirthschaft beschäftigen, setzen sich aus Kaufleuten, Handwerkern, Beamten und Arbeitern zusammen. Die Beamten bestehen aus Kirchen-, Schul-, Post- und Polizeibeamten, nämlich aus 1 Pfarrer, 1 Glöckner, 1 Präzentor, 1 zweiten Lehrer, 5 Briefträgern und einem Gendarm. — Kaufleute giebt es 4; andere Gewerbetreibende 3 und zwar 1 Fleischer und 2 Bäcker; Handwerkerfamilien existiren 20: 1 Klempner, 1 Riemer, 2 Schuhmacher, 4 Schneider, 1 Töpfer, 3 Tischler, 1 Zimmermann, 7 Maurer; ferner haben in der Gemeinde 22 Tagelöhner- und 4 Instleutefamilien ihren Wohnsitz.

Die Zunahme in der Bevölkerung rührt von dem sich jährlich steigernden Zuzuge von Außen her und wird dadurch erklärt, daß die mitten von der Chaussee getheilte Ortschaft ihren Einwohnern alle möglichen Bequemlichkeiten zu bieten vermag, die viele andere Dörfer entbehren müssen. Der zu jeder Zeit passirbare Kommunikationsweg mit der Kreisstadt, die vorhandenen Kaufläden, Geschäftstreibende und Handwerker aller Art, die am Orte befindliche Postagentur, welche in täglichem Brief-, Personen- und Telephon-Verkehr mit der Kreisstadt und dem nach Norden zu gelegenen Marktflecken M. steht und schließlich die Kirche und zweiklassige Schule sind alles Faktoren, welche für die Einwohner des Ortes von großer Wichtigkeit sind und auf in der Umgegend Wohnende sehr verlockend zur Uebersiedelung nach der Gemeinde wirken. Beispielsweise äußerte ein Instmann, der zehn Jahre hindurch bei ein und demselben Besitzer des Ortes in Lohn und Brod gestanden und wegen eines höheren Lohnes von 18 Mk. pro Jahr in die Nachbarschaft gezogen war, er müsse auch bei Verzichtleistung auf den höheren Lohn wieder nach seiner früheren Ortschaft Gr. B. zurück, weil der Aufenthalt in derselben, wenn auch theurer, ihm und seiner Familie doch größere Annehmlichkeiten biete als sein neuer Wohnort. Dazu kommt, daß Wohnungen am Orte genügend vorhanden und durch Neubauten vermehrt werden. In Folge dessen erhöht sich die Einwohnerzahl der Ortschaft fortlaufend, trotzdem jährlich ein bedeutender Prozentsatz auswandert. Zu den Auswanderern gehören leider gerade die kräftigsten jungen Männer und Mädchen, welche in Königsberg, Berlin, Essen und anderen Städten und Industriebezirken West-Deutschlands lohnenderen Verdienst suchen. Diese Art der Auswanderung ist hier in der ganzen Gegend förmlich epidemisch geworden und nimmt gerade in letzter Zeit von Jahr zu Jahr zu. Gewissenlose Agenten tragen hieran häufig Schuld, indem sie durch glänzende Anerbietungen und in Aussicht gestellte hohe Löhne die Betreffenden zum Verlassen ihrer Heimath überreden, um aus diesem unsaubern Geschäft für sich Nutzen zu ziehen. Im vergangenen Jahre sind beispielsweise aus einem einzigen Haushalt drei Dienstmädchen nach Berlin verzogen, und in derselben Weise macht sich ein Wegziehen jüngerer Arbeitskräfte nach größeren Städten überall bemerkbar, was selbstverständlich eine Verschlechterung des Arbeiterpersonals und ein stetiges Steigen der Arbeitslöhne zur Folge hat.

Die ländlichen Arbeiter in der Gemeinde theilen sich in drei Gruppen:

1. unverheirathetes Gesinde;
2. kontraktlich gebundene Tagelöhner oder Instleute;
3. freie Tagelöhner (Einlieger und Eigenkäthner).

In Wirthschaften bis zu einer Größe von 30 ha. pflegt der Besitzer selbst mitzuarbeiten und sich auf die Haltung unverheiratheten Gesindes mit periodenweiser Zuhilfenahme von freien Tagelöhnern zu beschränken. Im Durchschnitt kommen auf eine Bauernwirthschaft von 25 ha. 1 Knecht, 2 Mägde, 1 Hirt und ein Hütejunge.

Die Löhne sämmtlicher ländlichen Arbeiter sind seit 20 bis 30 Jahren in der ganzen Provinz erheblich gestiegen und fortschreitend im Steigen begriffen; von der Goltz*) veranschlagt die durchschnittliche

*) von der Goltz, „Die landwirthschaftliche Arbeiterfrage und ihre Lösung" 1872 S. 86.

Steigerung des Geldlohnes für Gesinde seit der genannten Zeit auf 100 %. Nach den im Jahre 1848 auf Anregung des Königlichen Landes-Oeconomie-Kollegiums über die materiellen Zustände der ländlichen Arbeiter erhobenen Ermittelungen, welche von Lengerke*) zusammengestellt sind, wird der in kleineren Wirthschaften des Insterburger Kreises gezahlte Geldlohn für einen Knecht auf 10 bis 15 Thaler und für eine Magd auf 6 bis 10 Thaler angegeben. Eine ähnliche Enquete von Seiten des Kongresses deutscher Landwirthe aus der Zeit von 1873 bis 1874 giebt weitere Aufschlüsse über die Lohnsteigerungen. Nach von der Goltz**) betrug im Regierungsbezirk Gumbinnen der Geldlohn für einen Knecht 25,25 Thaler, für eine Magd 17,50 Thaler. Zur Zeit erhält im Gemeindebezirk Gr. B. von dem bei freier Station von Martini (11. November) bis wieder Martini in jährlichem Lohn stehenden unverheiratheten Gesinde der Knecht 100 bis 120 Mark, und 3 Mark Handgeld und die Magd 66 bis 72 Mark und 1 Mark Handgeld; außerdem jeder nach Art der Abmachung einige Pfund Wolle und 1 Scheffel Kartoffeln mit herrschaftlicher Saat ausgesetzt. Ein Vergleich dieser Zahlen zeigt die fortlaufende Steigerung des baaren Lohns für unverheirathetes Gesinde. Dieselbe beträgt in Prozenten:

In den Jahren von:	für Knechte: %	für Mägde: %
1848—1874	68,3 bis 152,5	75 bis 191,7
1874—1888	32,0 bis 58,4	25,7 bis 37,1
1848—1888	166,6 bis 233,3	140 bis 266,7

Die Haupterhöhung der Lohnsätze fällt also in die Periode von 1848—1874, aber auch diejenige aus der Zeit von 1874—1888 giebt zu Bedenken Anlaß, wenn sie in derselben Weise und in gar keinem Verhältniß zur Preisstellung der Lebensmittel weiterschreiten sollte. —

Die Stelle eines Hirten versehen entweder unverheirathete ältere Leute, deren Kräfte zu anderen Arbeiten nicht mehr ganz ausreichen, oder sogenannte Hütejungen, die besonders zum Hüten des Kleinviehs

*) Lengerke, „Die landwirthschaftliche Arbeiterfrage" S. 46.

**) von der Goltz, „Die Entwickelung der ostpreußischen Landwirthschaft" (Separatabzug aus Jahrbuch für Gesetzgebung, Verwaltung und Volkswirthschaft im deutschen Reich).

(Schafe, Schweine) Verwendung finden. Nur auf größeren Besitzungen von 150 ha. an, die in der Gemeinde nicht existiren, werden verheirathete Hirten gehalten, deren Lohn in Geld ausgedrückt, um ungefähr 50 Mk. niedriger bemessen ist als derjenige der Instleute. Ein unverheiratheter älterer Hirt erhält neben freier Station pro Jahr 80 Mk. Geld, 1,50 Mk. Handgeld, 3 Pfd. Wolle, 2 Paar Klumpen (Holzschuhe) und 2 Scheffel Kartoffelaussaat; häufig werden noch einige abgelegte Kleidungsstücke zugegeben. Die von allen Dienstleuten verhältnißmäßig am theuersten bezahlte Arbeitskraft ist der Hütejunge. Dazu verwendet man gewöhnlich solche Jungen, die aus sehr armer, zahlreicher Familie stammend, mit dem erworbenen Lohn gleichzeitig zur Unterstützung ihrer Eltern beitragen sollen. Es sind dieses entweder Jungen, welche bereits confirmirt, zu einem Dienst als Knecht ihrer körperlichen Entwickelung wegen noch zu schwach sind oder solche, welche im ersten oder zweiten Jahre vor der Einsegnung stehen und denen auf Grund ihrer Schulzeugnisse von Seiten der Lokalschul-Inspektion der Erlaubnißschein zum Hüten für die Zeit vom 15 Mai bis 11. November unter der Bedingung ertheilt wird, daß dieselben an zwei Vormittagen der Woche die Ortsschule besuchen, um nicht ganz aus dem Unterricht herauszukommen. Da solche Hütejungen in jeder Wirthschaft fast unentbehrlich sind und mit der Ausstellung eines Erlaubnißscheines zum Hüten nicht zu freigiebig umgegangen werden kann, so ist diese Art von ländlichem Dienstpersonal eine knappe, sehr gesuchte und daher auch theuere Waare. Die bereits confirmirten Hütejungen, welche auf das ganze Jahr gemiethet werden, erhalten neben freier Station 50 bis 75 Mk. baar Geld und einige Kleidungsstücke; die noch nicht confirmirten erhalten für die Zeit vom 15. Mai bis 11. November neben freier Station 24 Mk. baar Geld, 1 Scheffel Roggen, 1 Scheffel Kartoffeln ausgesetzt, 2 Pfd. Wolle, drei Paar Hosen, 1 Rock, 1 Weste, 1 Halstuch, 1 Mütze, zwei Paar Holzschuhe, zwei Hemden; sämmtliche Kleidungsstücke in vollständig neuem Zustande, und außerdem übernimmt dann noch der Besitzer die Verpflichtung, das den Eltern des Jungen eventl. gehörige Land, wenn es nicht über 1/4 ha. groß ist, zu beackern. Alles zusammen in Geld berechnet beträgt ca. 60 Mk. —

Instleute, und zwar 4 Familien, werden nur auf einer einzigen, der größten Besitzung im Dorfe gehalten; dieselbe hat ein Gesammtareal von 131 ha. und beschäftigt außerdem noch an unverheirathetem Gesinde 3 Mädchen, 2 Knechte, einen Hirt und einen Hütejungen und nach Bedarf freie Tagelöhner.

Die Instleute oder Deputanten sind kontraktlich für das ganze Jahr gebunden. Für die Zeit vom 15. April bis 15. Oktober erhalten die Männer einen theils in baarem Gelde, theils in Deputat bestehenden festen Lohn, die Frauen und Scharwerker Tagelohn; im Winterhalbjahr ist die ganze Familie nebst Scharwerker auf einen Antheil beim Dreschen (Dreschermaß) angewiesen, welcher bei der Maschine den 15. und beim Flegeldrusch den 11. Scheffel beträgt. Wenn der Ausdrusch eine Zeit lang vor dem 15. April beendet ist, wird für Alle Tagelohn gegeben. Rechnet man den Gesammtlohn in seinen einzelnen Positionen in Geld um, so setzt sich das Jahreseinkommen einer Instleutefamilie mit einem Scharwerker wie folgt zusammen:

Wohnung mit 50 Ruthen Gartenland	45,00 *M.*	
Brennmaterial bestehend in Holz u. Torf	27,00 „	
130 Ruthen Kartoffelland	30,00 „	
6 Metzen Lein ausgesät mit eigner Saat	10,00 „	
1 Kuh freie Weide und Futter . . .	75,00 „	
1 Schaf und 2 Schweine freie Weide und das Schaf freies Winterfutter	15,00 „	
baares Geld	36,00 „	
12 Scheffel Roggen à 5 *M.* . . .	60,00 „	
3 Scheffel Gerste à 4 *M.*	12,00 „	
3 Scheffel Hafer à 2,50 *M.* . . .	7,50 „	
2 Scheffel Erbsen à 6 *M.*	12,00 „	
		329,50 *M.*
Dreschermaß:		
15 Scheffel Roggen à 5 *M.* . . .	75,00 *M.*	
8 Scheffel Weizen à 6,50 *M.* . . .	52,00 „	
5 Scheffel Gerste à 4 *M.*	20,00 „	
20 Scheffel Hafer à 2,50 *M.* . . .	50,00 „	
2 Scheffel Erbsen à 6 *M.*	12,00 „	
		209,00 *M.*
Tagelohn nach beendetem Ausdrusch bis zum 15. April.		
12 Mannstage à 0,30 *M.*	3,60 *M.*	
6 Frauentage à 0,40 *M.*	2,40 „	
12 Scharwerkstage à 0,25 *M.* . . .	3,00 „	
		9,00 *M.*
		547,50 *M.*

	Uebertrag	547,50 ℳ.
Tagelohn für das Sommerhalbjahr.		
100 Frauentage à 0,40 ℳ.	40,00 ℳ.	
150 Scharwerkstage à 0,25 ℳ. . .	37,50 „	
		77,50 ℳ.
Summa Einkommen einer Instleutefamilie mit einem Scharwerker		625,00 ℳ.
Hiervon gehen ab:		
a. Lohn für den Scharwerker .	45 ℳ.	
b. Beköstigung desselben . . .	120 „	
		165,00 „
Mithin bleibt Jahreseinkommen einer Instleutefamilie abzüglich der Unkosten für einen Scharwerker		460,00 ℳ.

In den beiden letzten Jahren ist man damit vorgegangen, das Dreschermaß abzuschaffen und an dessen Stelle einen höheren Lohn an Deputat und Geld zu geben. Tagelohn erhalten in diesem Falle nur die Frau das ganze Jahr hindurch für diejenige Zeit, in der sie in Arbeit geht und der Scharwerker für das Winterhalbjahr. Es stellt sich dann der Gesammtlohn einer Instleutefamilie mit einem Scharwerker folgendermaßen:

Wohnung mit 50 Ruthen Gartenland	45,00 ℳ.	
Brennmaterial bestehend in Holz u. Torf	27,00 „	
130 Ruthen Kartoffelland	30,00 „	
6 Metzen Lein ausgesäet	10,00 „	
1 Kuh freie Weide und Futter . . .	75,00 „	
1 Schaf und 2 Schweine freie Weide und das Schaf freies Winterfutter	15,00 „	
baar Geld	72,00 „	
25 Scheffel Roggen à 5 ℳ. . . .	125,00 „	
1 Scheffel Weizen à 6,50 ℳ. . . .	6,50 „	
6 Scheffel Gerste à 4 ℳ.	24,00 „	
6 Scheffel Hafer à 2,50 ℳ. . . .	15,00 „	
3 Scheffel Erbsen à 6 ℳ.	18,00 „	
		462,50 ℳ.
Tagelohn für die Frau 200 Tage à 0,40 ℳ.	80,00 ℳ.	
	80,00 ℳ.	462,50 ℳ.

Uebertrag	80,00 M.	462,50 M.
Tagelohn für den Scharwerker 150 Tage à 0,25 M.	37,50 „	
		117,50 M.
Summa Jahreseinkommen einer Instleutefamilie mit einem Scharwerker		580,00 M.
Hiervon ab für den Scharwerker		165,00 „
Bleibt Jahreseinkommen einer Instleutefamilie abzüglich der Unkosten für einen Scharwerker .		415,00 M.

Einige Besitzer geben dem Scharwerker das ganze Jahr hindurch 0,30 M. Tagelohn; dafür erhält die Familie jedoch nur 54 bis 60 M. baar Geld und etwas weniger Getreide als oben angegeben und steht sich dann mit Scharwerker auf ca. 600 M. jährlich.

Vergleicht man diese verschiedenen Arten der Löhnung mit einander, so scheint diejenige, bei welcher die Familien auf Dreschermaß gestellt sind, für die Instleute am vortheilhaftesten zu sein, doch kann sie unter Umständen auch recht ungünstig für dieselben ausfallen, da die Höhe des Dreschermaßes von dem Ertrage der Ernte abhängig und letztere oft großen Schwankungen unterworfen ist.

Ein alter Usus, daß die Frau die Verpflichtung übernehmen mußte, ihrer Herrschaft jährlich 10 Stück Wolle zu spinnen, hat seit einigen Jahren aufgehört.

Diese Art der landwirthschaftlichen Arbeiter pflegt von allen die beste zu sein. Ihr Arbeitssinn ist gut, sie sind im Durchschnitt recht willig und äußerst tüchtig und leicht zu behandeln. Leider ist häufig bei ihnen eine Neigung zum Trunke vorhanden, doch pflegt dieselbe ziemlich allen Littauern eigen zu sein. Mitunter haben es solche Arbeiterfamilien, besonders bei sorgsamer Thätigkeit der Frau und der ihnen hilfeleistenden Kinder zu einem gewissen Wohlstande gebracht und kleine Beträge von Geld auf Zinsen, aber das sind immer nur Ausnahmefälle. Der Jahresbedarf einer ländlichen Arbeiterfamilie von 5 Personen, welchen Lengerke in seiner bereits erwähnten „ländlichen Arbeiterfrage" für den Insterburger Kreis mit 57 Thaler und 13 Sgr. angegeben, hat für die heutigen Verhältnisse keine Gültigkeit mehr. Die meisten Familien kommen in ihrem Vorwärtsstreben nicht vom Fleck, müssen die mühsam zurückgelegten Spargroschen zur Zeit der Noth in Krankheitsfällen opfern und bleiben ihr Leben lang abhängige Arbeiter, die aus der Hand in den Mund leben, bis sie arbeitsunfähig geworden von den betreffenden Besitzern resp. Gemeinden als Ortsarme verpflegt werden müssen.

Die freien Tagelöhner, auf deren Arbeit die meisten Wirthschaften besonders in der nöthigsten Sommerarbeitszeit angewiesen sind, bestehen aus Einliegern und Eigenkäthnern, welche letztere in eigenen Häusern wohnen. Die Einlieger übernehmen beim Miethen ihrer Wohnungen die Verpflichtung neben dem Miethspreis 10 Manns- und 10 Frauentage dem Eigenthümer des Hauses zu leisten, jedoch mit Beköstung von Seiten des Besitzers. Die Lohnsätze für freie Arbeiter sind folgende: Während der Ernte erhält der Mann 1 Mk. pro. Tag und Essen, zu anderer Arbeitszeit 50 bis 80 Pfg. und Essen; die Frau 40 Pfg. und Essen. Die Löhne sämmtlicher Tagelöhner sind in den letzten 20 bis 30 Jahren um 50 % und darüber gestiegen*). Diese in der Ortschaft wohnenden freien Arbeiter finden im Sommer auch lohnende Beschäftigung bei den Chausseearbeiten, im Winter als Holzarbeiter in der nahe gelegenen Königlichen Forst und stehen sich hier bis auf 1,50 Mk. pro Tag und darüber. Deshalb suchen manche Besitzer sich für die Aust- und Erntezeit dadurch Arbeiter zu sichern, daß sie Tagelöhnern, wie kleinen Handwerkern Land zum Aussetzen von Kartoffeln zur Verfügung stellen, wofür bei Essen am herrschaftlichen Tisch nach der ortsüblichen Weise 8—10 Frauen-Arbeitstage pro 1 Scheffel ausgesetzter Kartoffeln zu leisten sind. Die Tagelöhne für den Sommer sind verhältnißmäßig hohe, dafür ist aber der Verdienst der freien Arbeiter im Winter ein sehr eingeschränkter.

Accordarbeiten kommen selten vor und beschränken sich größtentheils auf Mergelarbeiten im Spätherbst und Winter. Hierbei werden pro Karre 1¾ Pfg. bezahlt und kommt ein Arbeiter, wenn er tüchtig ist, auf ungefähr 1 bis 1,50 Mk. Verdienst pro Tag heraus.

Ein Theil der Handwerker des Ortes z. B. Maurer, Zimmerleute 2c. suchen, wenn sie am Orte nicht lohnende Arbeit finden, während des Sommers Beschäftigung in nahen oder entfernten Städten und erwerben sich in dieser Zeit soviel, daß sie Winter über mit ihrer Familie sorglos leben können. Während ihrer Abwesenheit von Hause sind die Frauen in Tagelohn bei den Besitzern und verdienen sich theilweise ihren Unterhalt selbst.

---

*) von der Goltz: Entwickelung der ostpreußischen Landwirthschaft. S. 81.

Die meisten freien Arbeiter wohnen zur Miethe, ohne Grundbesitz zu haben, nur wenige besitzen ein Haus nebst Hof und Garten- resp. Ackerstück von 1 bis 3 ha. Größe.

Dem unverheiratheten Gesinde wird der Lohn je nach Bedarf ratenweise, und zum Schluß des Jahres der noch bleibende Rest ausgezahlt, während die Instleute und freien Tagelöhner ihren Lohn gewöhnlich wöchentlich erhalten.

Die freien Arbeiter der Gemeinde, namentlich die weiblichen, sind mit dem Essen schwer zufrieden zu stellen, und kommt es häufig vor, daß Frauen auf das Versprechen hin „zum Vesperbrod süßen Kaffee und Fladen (üblicher provinzieller Ausdruck für Kuchen) zu bekommen" in Arbeit gehen. Die Besitzer sind daher in dringender Arbeitszeit gezwungen, einander mit Versprechungen zu überbieten, um möglichst viel Arbeitskräfte beschaffen zu können, und wehe dem, der sein Versprechen nicht hält! Bei den männlichen Arbeitern verhält es sich in der Weise ähnlich, daß die Besitzer zur Förderung der Arbeit gezwungen werden, außer den gewöhnlichen Mahlzeiten noch Extrazuthaten wie Schnaps, Brod, Speck oder Heering zu verabfolgen.

Bezüglich der hier bestehenden Arbeiterverhältnisse im Allgemeinen muß neben der Kalamität der wachsenden Auswanderung der jüngeren und besten Arbeitskräfte noch hervorgehoben werden, daß der Besitzer heutzutage in jeder Beziehung die größte Vorsicht im Verkehr mit seinen Arbeitern zu beobachten hat. So willig dieselben bei guter Behandlung und Pflege sich jede Arbeit angelegen sein lassen und auf das Wohl ihres Brotherrn bedacht sind, so störrisch und arbeitsscheu zeigen sie sich, wenn sie nicht vollständig nach ihrem Geschmack behandelt werden.

Vertheilung und Bewegung des Grundbesitzes.

Der zum Gemeindebezirk Gr. B. gehörende ländliche Grundbesitz vertheilt sich unter die 31 dort ansässigen Grundeigenthümer in folgender Weise:

Größe der Besitzungen:	Zahl der Besitzer:
Nur 1 Haus nebst Hofraum	1
1/2 bis 1 ha.	6
1 „ 5 „	7
5 „ 10 „	2
10 „ 15 „	5
	21

Größe der Besitzungen:	Zahl der Besitzer:
	Uebertrag 21
15 bis 20 ha.	2
20 „ 25 „	1
25 „ 30 „	3
30 „ 35 „	1
45 „ 50 „	1
60 „ 65 „	1
130 „ 135 „	1
	31 Besitzer.

Nach dem Grundsteuerreinertrag gestaltet sich die Vertheilung auf die einzelnen Kategorien wie aus nachstehender Tabelle ersichtlich:

Vertheilung des Grundeigenthums innerhalb des Gemeindebezirks (zusammengestellt aus den Grundsteuerrollen des Katasteramts zu Insterburg.)

Nummer.	Kategorie mit einem Grundsteuer Reinertrage v. Thlr. zwischen	Zahl der Besitzer.	Gesammtfläche:			Durchschnittsfläche	Grundsteuerreinertrag in Thlrn.	Gebäudesteuer-Nutzungswerth in Mark.
			ha	a	qm	ha		
1	500—100	1	271	17	76	[illegible]	[illegible]	2101
2	100—30	9 darunter Pfarre	181	50	76	[illegible]	[illegible]	2120
3	30—20	2	21	61	40	10,80,50	18,92	[illegible]
4	unter 20	15 darunter Schule	28	29	09	1,88,30	[illegible]	[illegible]
5	Nur ein Haus nebst Hofraum	1	0	10	11	0,10,11		[illegible]

Das zur Pfarre gehörige Land incl. Hofraum hat die Größe von 20 ha., 80 a., 40 □=m. mit 55,07 Thaler Grundsteuer-Reinertrag und 400 Mk. fingirtem Gebäudesteuer-Nutzungswerth. Das zur Schule (Präzentorat) gehörige Ackerareal beträgt incl. Hofraum 3 ha., 61 a., 80 □=m. mit 11,04 Thaler Grundsteuer-Reinertrag und 200 Mk. fingirtem Gebäudesteuer-Nutzungswerth. Der Grundsteuer-Reinertrag und Gebäudesteuer-Nutzungswerth ist für die als Dienstland benutzte Fläche nach demselben Prozentsatz berechnet, wie für die in Selbstbewirthschaftung befindliche. Außerdem besitzen zwei Forensen, welche ihr Domizil in einer etwa eine halbe Meile entfernten, nach Südosten zu gelegenen Ortschaft haben, vom Gemeindeland eine Fläche von zusammen 1 ha., 16 a., 50 □=m. mit 0,92 Thaler Grundsteuer=Reinertrag und schließlich wäre noch eine mit dem Namen Bauerngarten bezeichnete Fläche von 0,0740 ha. mit einem Grundsteuer=Reinertrage von 0,35 Thaler zu erwähnen, welche seit Beseitigung der grundherrlich bäuerlichen Verhältnisse den Bauern des Orts als Eigenthum gehört. Dem Kommunalverbande gehört ein zu beiden Seiten des Drojeflusses im Dorfe sich hinziehender Dorfsanger von 2 ha., 2 a., 50 □=m. Größe.

Veränderungen in der Zahl der Grundeigenthümer, wie in dem Umfange ihres Eigenthums haben in den letzten Jahren nur in verschwindend kleinem Maßstabe stattgefunden und beschränken sich lediglich darauf, daß während dieser Zeit ungefähr 4 neue Eigenkäthner=Grundstücke bis zur Größe von 0,25 bis 1,00 ha. entstanden sind und in ca. 6 Fällen durch Zukauf einzelner Parzellen Besitzungen der ersten, zweiten und dritten Eigenthumskategorie erweitert wurden. Ganze Besitzungen sind von angrenzenden Eigenthümern nur in einem Falle zu den eigenen zugekauft und zwar wurden im Jahre 1877 von einer ca. 30 ha. großen Besitzung die Hälfte im freiwilligen Verkauf und die andere Hälfte 2 Jahre später in der Subhastation von einem anliegenden Besitzer, dem größten des Ortes, erstanden, welcher die vereinigten Güter aus einer Hand bewirthschaftet. Parzellirungen von Grundstücken haben im Laufe der letzten 20 Jahre nur zweimal stattgefunden. In beiden Fällen handelte es sich um Besitzungen, welche zwischen 15 und 20 ha. groß waren. Dieselben wurden von den Besitzern selbst ohne Zuziehung von Agenten oder anderen Zwischenpersonen ausgeführt und die Parzellen von Einwohnern des Ortes gekauft, welche zu der Eigenthumsklasse der mit 100 bis 30 Thaler Grundsteuer=Reinertrag veranschlagten Besitzer gehören.

Einen Ueberblick über den während der letzten 20 Jahre erfolgten Besitzwechsel und über die Ursachen desselben ergiebt nachstehende Tabelle (siehe nächste Seite). Zur Erklärung dieser Tabelle muß noch bemerkt werden, daß drei der angeführten Bauerngüter in der Größe von 25,4 und 3 ha. je zweimal, von den bezeichneten Eigenkäthnerstellen zwei je viermal im Laufe der genannten Zeit ihre Besitzer gewechselt haben. Der Grund für diesen häufigeren Besitzwechsel ist nur in 3 Fällen auf zu große Verschuldung zurückzuführen, welche eine Folge des zu geringen Betriebskapitals war. In diesen Fällen kamen die Besitzungen auch stets zur Sub=

hastation. Bei den anderen Besitzveränderungen und überhaupt bei den sonst in der Tabelle angegebenen Bewegungen des Grundbesitzes vollzog sich der Wechsel in einfacher Weise durch Erbgang oder freien Verkauf, um im letzteren Falle sich die Wirthschaft zu erleichtern oder einen dargebotenen nutzbringenden und vortheilhaften Verkauf nicht vorübergehen zu lassen.

Besitzwechsel in der Zeit von 1869 bis 1888.

Jahr.	Zahl der Besitzwechsel.	Es wechselten:		Der Wechsel betrifft:			Der Uebergang erfolgte durch:			Der Uebergang erfolgte an:		
		ganze Güter.	Parzellen.	Bauerngüter.	Eigenkäthnerstellen.	Häuslerstellen*).	Erbgang.	freien Verkauf.	Zwangsverkauf.	Kinder.	Eheleute.	Fremde.
1869	1	1	—	1	—	—	—	1	—	—	—	1
1870	1	1	—	1	—	—	1	—	—	1	—	—
1871	—	—	—	—	—	—	—	—	—	—	—	—
1872	—	—	—	—	—	—	—	—	—	—	—	—
1873	1	1	—	—	1	—	—	1	—	—	—	1
1874	2	2	—	—	2	—	2	—	—	—	2	—
1875	2	1	1	1	—	—	1	1	—	1	—	1
1876	2	2	—	—	2	—	—	2	—	—	—	2
1877	3	2	1	1	1	—	2	1	—	2	—	1
1878	—	—	—	—	—	—	—	—	—	—	—	—
1879	3	1	2	1	—	—	—	2	1	—	—	3
1880	—	—	—	—	—	—	—	—	—	—	—	—
1881	—	—	—	—	—	—	—	—	—	—	—	—
1882	1	1	—	—	1	—	—	1	—	1	—	—
1883	1	—	1	—	—	—	—	1	—	—	—	1
1884	1	1	—	—	1	—	—	1	—	—	—	1
1885	—	—	—	—	—	—	—	—	—	—	—	—
1886	2	2	—	—	2	—	—	1	1	—	—	2
1887	—	—	—	—	—	—	—	—	—	—	—	—
1888	5	2	3	1	—	1	—	4	1	—	—	5
	25	17	8	6	10	1	6	16	3	5	2	18

Verschuldungs- und Kredit-Verhältnisse.

Die Höhe der Belastung der Besitzungen mit hypothekarischen Schulden und deren Vertheilung auf die verschiedenen Grundeigenthums-Kategorien, pro Hektar und pro Thaler Grundsteuer Reinertrag ergiebt Tabelle I. (berechnet und zusammengestellt nach Auszügen aus dem Grundbuche).

*) Häuslerstelle ist ein Haus ohne Land.

Tabelle I.

Gesammt-Verschuldung und deren Vertheilung pro Kategorie, Hektar, Thaler Grundsteuer-Reinertrag.

Besitzkategorie mit einem Grundsteuer-Reinertrage von Thalern.	Zahl der Besitzer.	Gesammtfläche in ha.	Gesammt-Grundsteuer-Reinertrag in Thalern.	Gesammt-Verschuldung in Mark im Jahre 1868.	Gesammt-Verschuldung in Mark im Jahre 1888.	Also im Jahre 1888 gegen 1868 mehr. Mk.	Also im Jahre 1888 gegen 1868 weniger. Mk.	Durchschnitts-Verschuldung im Jahre 1868 pro ha. Mk.	Durchschnitts-Verschuldung im Jahre 1868 pro Thaler Grundsteuer-Reinertrag. Mk.	Durchschnitts-Verschuldung im Jahre 1888 pro ha. Mk.	Durchschnitts-Verschuldung im Jahre 1888 pro Thaler Grundsteuer-Reinertrag. Mk.	Zahl der eingetragenen Ausgedinge im Jahre 1868.	Zahl der eingetragenen Ausgedinge im Jahre 1888.	Bemerkungen.
500—100	4	274,17,76	758,98	37254,81	61334,09	24079,28	—	135,88	49,08	223,70	80,81	7	3	Die Forensen sind bei der Schuldenberechnung ausgeschlossen. Die Ausgedinge haben nur zum ganz kleinen Theil eine Werthangabe.
100—30	8	160,70,36	469,34	42745,63	43457,78	712,15	—	265,99	91,08	270,42	92,59	11	7	
30—20	2	21,61,40	48,92	2298,47	13810,19	11511,72	—	106,34	46,98	638,95	282,30	5	2	
unter 20	14	24,67,29	62,76	7616,26	28955,89	21339,63	—	308,69	121,35	1173,59	461,37	12	10	
	28	481,16,81	1340,00	89915,17	147557,95	57642,78	—	204,23	77,12	576,66	229,27	35	22	

Aus derselben ist ersichtlich die Höhe und Vertheilung der Schulden im Jahre 1868 gegen diejenige im Jahre 1888, nebst der Zahl der in genannten Jahren eingetragenen Ausgedinge, wobei bemerkt werden muß, daß die Forensen bei der Schuldenberechnung ausgeschlossen und die eingetragenen Ausgedinge zum größten Theil ohne Werthangabe sind. Die Bewegung der Hypothekenschulden in den letzten 20 Jahren zeigt Tabelle II.

Tabelle II.

Schuldenbewegung in der Gemeinde Gr. B. Kreis Insterburg von 1868 bis 1888.

Im Jahre	wurden eingetragen. Mk.	wurden gelöscht. Mk.	mehr eingetragen als gelöscht. Mk.	mehr gelöscht als eingetragen. Mk.
bis 1868 incl.	89915,17	—	89915,17	—
1869	2248,86	2250,00	—	1,14
1870	2953,40	—	2953,40	—
1871	4003,03	750,00	3253,03	—
1872	2503,60	60,40	2443,20	—
1873	1428,00	1828,03	—	400,03
1874	9366,20	2044,70	7321,50	—
1875	5250,00	8040,00	—	2790,00
1876	18525,00	6392,02	12132,98	—
1877	14730,00	2730,00	12000,00	—
1878	—	5514,00	—	5514,00
1879	8330,80	48,30	8282,50	—
1880	528,00	10998,00	—	10470,00
1881	9600,00	—	9600,00	—
1882	5633,55	13918,49	—	8284,94
1883	1930,00	—	1930,00	—
1884	2750,00	2180,00	570,00	—
1885	6500,00	13242,62	—	6742,62
1886	17314,33	5764,86	11549,47	—
1887	35263,41	10525,15	24738,26	—
1888	5000,00	9928,83	—	4928,83
	243773,35	96215,40	186689,51	39131,56
	96215,40		39131,56	
	147557,95		147557,95	

Ausweislich derselben betrugen die bis zum Jahr 1868 eingetragenen hypothekarischen Schulden 89915,17 Mk.

Im Laufe der letzten zwanzig Jahre waren 1888 zusammen 243773,35 Mark eingetragen, welchen eine Löschungssumme von

96215,40 Mark gegenübersteht, so daß die augenblicklichen Hypothekenschulden sich auf 147557,95 Mark belaufen und demnach gegen das Jahr 1868 eine Schuldenzunahme von 57642,78 Mark zu verzeichnen ist. Die Darlehnsquellen für diese Schulden sind ersichtlich aus Tabelle III.

Tabelle III.

Darlehns-Quellen.

	Mk.	Prozent der Gesammtschulden.
Ostpreußische Landschaft.	63550	43,07
Königl. Regierung zu Gumbinnen.	843	0,57
Kinder- und Erbgelder.	22326,76	15,13
Rentiers.	13500	9,15
Großgrundbesitzer.	8100	5,49
Kleingrundbesitzer.	14461,30	9,81
Altsitzer, kleine Gewerbtreibende.	12932,89	8,76
Händler u. Kaufleute.	4369	2,96
Beamte.	7475	5,06

Zur Erklärung muß noch hinzugefügt werden, daß die Gelder von der Ostpreußischen Landschaft größtentheils erst in den letzten 5 Jahren entliehen sind, wie überhaupt erst in neuerer Zeit die ländlichen Darlehnssucher den Kredit der Ostpreußischen Landschaft in Anspruch zu nehmen suchen, weil sie hier bei einem Prozentsatz von $3^1/_2$ bis 4 % das Geld erheblich billiger bekommen, als aus irgend einer anderen Quelle, und würde es für viele Landwirthe, nicht allein der in Rede stehenden Gemeinde, sondern auch des ganzen umliegenden Bezirkes von großem Vortheil und für den ganzen landwirthschaftlichen Betrieb von eminenter Wichtigkeit sein, wenn die bisher von der Ostpreußischen Landschaft eingehaltenen üblichen Beleihungsgrenzen, welche darin bestehen, daß sie bis zum 40—50 fachen Werth des Grundsteuer-Reinertrages Grundstücke beleiht, weiter ausgedehnt würden. Denn es werden, wie die nächste Tabelle IV. zeigt, (Tabelle IV. siehe nächste Seite) von der gesammten Hypothekenschuld noch über 50 % mit 5, $5^1/_2$ und 6 % verzinst, Prozentsätze, welche für die heutige Rentabilität des landwirthschaftlichen Gewerbes und im Vergleich zu dem üblichen Zinsfuße des Geldmarktes, viel zu hohe sind. Die in Tabelle III. mit dem Namen „Rentiers" bezeichneten Geldgeber haben ohne Ausnahme ihren Wohnsitz in der Kreisstadt J., sind größtentheils gewesene Landwirthe und leben in der Stadt von ihren Zinsen, ohne professionelle Geldverleiher zu sein.

Von der oben versuchten Feststellung der Belastung der Güter mit hypothekarischen Schulden auf die wirkliche Vermögenslage der Besitzer einen Schluß ziehen zu wollen, ist nicht räthlich; die im Grundbuche eingetragenen Schulden geben kein richtiges zutreffendes Bild von der finanziellen Lage der Betreffenden, weil einmal ein Theil dieser Schulden seit Jahren bezahlt und nicht gelöscht ist und zweitens Hypotheken zu billigen Prozenten aufgenommen und dafür Geld zu höheren Prozenten anderweitig ausgeliehen wird. Es pflegt nämlich Sitte zu sein, bereits gezahlte Hypothekenschulden nicht löschen zu lassen und zwar aus verschiedenen Gründen:

1. der Löschungskosten wegen,
2. um bei der Steuereinschätzung den sicheren Nachweis der Belastung des Grundstücks mit Schulden führen zu können und dadurch möglichst niedrig besteuert zu werden.

Z. B. findet man Geldposten eingetragen, aus den Jahren 1830 bis 1850 herstammend, welche, soweit ich die näheren Verhältnisse kenne und beurtheilen kann, schon lange bezahlt sein müssen und trotzdem noch nicht gelöscht sind. Auch nach dem Ausspruche des Grundbuchrichters darf man auf die vorhandenen statistischen Zahlen,

Tabelle IV.

Höhe der Verzinsung.

	Mk.	pCt. der Gesammtschulden.
Darlehn à 6 Prozent.	12498,32	8,47
Darlehn à 5½ Prozent.	3600	2,44
Darlehn à 5 Prozent.	62824,07	42,57
Darlehn à 4½ Prozent.	6600	4,47
Darlehn à 4 Prozent.	29293	19,85
Darlehn à 3½ Prozent	30500	20,67
Ohne Angabe des Zinsfußes.	530,02	0,37
Unverzinslich.	1714,54	1,16
Summa.	147557,95	

wie sie im Grundbuche zu finden sind, kein allzugroßes Gewicht legen, da sie leicht zu den weitgehendsten Irrthümern und trügerischen

Vorstellungen führen können. Ergiebt im vorliegenden Falle der Nachweis aus dem Grundbuche, daß die Schuldenlast innerhalb der letzten 20 Jahre um 57642 Mk. 78 Pfg. zugenommen hat, so wäre es falsch daraus folgern zu wollen, daß der Gemeindebezirk thatsächlich mit dieser Schuldensumme heute mehr belastet wäre als im Jahre 1868. Ein Theil davon ist entschieden bezahlt und nicht gelöscht, doch hält es sehr schwer, genaue Zahlenangaben dafür erbringen zu können, da bei derartigen Ermittelungen überall, selbst bei nahen Bekannten und Verwandten die Tendenz vorherrscht, mit wahrheitsgetreuen Angaben zurückzuhalten oder überhaupt keine zu machen.

Diese Art der dem Littauer eigenen Verschlossenheit und geringen Mittheilsamkeit macht sich gerade in solchen Fällen am meisten bemerkbar, wo es sich um seine eigenen finanziellen Angelegenheiten handelt.

Kann man die Thatsache auch nicht wegleugnen, daß im Zeitraum der letzten 20 Jahre die hypothekarische Verschuldung in der Gemeinde zugenommen hat, so läßt sich für diese Zunahme sehr leicht eine Erklärung finden.

Vorgenommene und stattgefundene Meliorationen im Ackerbau sowohl wie in der gesammten Thierzucht, Anschaffung besserer Ackergeräthe, Aufführung zweckmäßiger Bauten, bessere Erziehung der Kinder haben entschieden einen großen Theil der hinzugekommenen Schulden verursacht, und kann man als Thatsache hinstellen, daß der Werth der einzelnen Grundstücke mindestens um die höher gewordene Schuldenlast gestiegen ist. Soweit es mir aus dem Grundbuche und dem am Orte selbst gesammelten zuverlässigen Material möglich war, habe ich versucht, die Hypothekenschuld auf die einzelnen Verschuldungsursachen zu vertheilen, und die Verwendung der eingetragenen Gelder zu den verschiedenen Zwecken in Tabelle V. nachzuweisen. (Tabelle V. siehe nächste Seite.) Die in der Tabelle aufgeführten Nothstandsgelder datiren aus dem Nothstandsjahre 1868 und wurden damals von Seiten der Königlichen Regierung den Gemeindemitgliedern als Unterstützung gegen 4 % Zinsen gewährt. Für die als „Darlehne überhaupt“ bezeichneten kann ein sicherer Nachweis über die Verwendung nicht beigebracht werden, wenn man auch annehmen darf, daß ein großer Theil dieser Gelder zu Verbesserungszwecken in der ganzen Wirthschaft verbraucht worden ist. — Wenn ich vorher betont habe, daß unser Bauer sich, wie man zu sagen pflegt, nicht gern in Topf und

Tabelle V.

Vertheilung der Schuld auf die einzelnen Verschuldungsursachen.

Gerichtskosten.		Waarenforderungen.		Baugelder.		Kaufgelderforderungen.		Erbantheile.		Erziehungsgelder.		Nothstandsgelder.		Darlehne überhaupt.	
Mk.	pCt. der Gesammtschulden.	Mk.	pCt. der Gesammtschulden.	Mk.	pCt. der Gesammtschulden.	Mk.	pCt. der Gesammtschulden.	Mk.	pCt. der Gesammtschulden.	Mk.	pCt. der Gesammtschulden.	Mk.	pCt. der Gesammtschulden.	Mk.	pCt. der Gesammtschulden.
530,07	0,37	4350	2,95	11900	8,06	32350,73	21,92	37255,55	25,25	28000	18,97	2883	1,95	30288,60	20,53

Beutel gucken" läßt, so folgt hieraus, daß eine Ermittelung der Höhe der jeweiligen Personalschulden eine noch schwierigere Aufgabe ist, als diejenige der vorhandenen Hypothekenschulden. Außer einigen Privatpersonen, welche nöthigenfalls Geld auf Schuldschein oder Wechsel dem Besitzer leihen, dient hauptsächlich der in der Kreisstadt Insterburg bestehende nach Schulze-Delitzschem System eingerichtete Vorschuß-Verein E. G. dazu, ein vorübergehendes Kreditbedürfniß zu befriedigen. Die Zahl der Mitglieder desselben ist in stetigem Wachsthum begriffen, und seine Thätigkeit erstreckt sich bis über die Grenzen des Kreises hinaus. Von den Insassen des Gemeindebezirks Gr. B. gehören demselben z. B. 20 Personen als Mitglieder an. Während für das von Privatpersonen auf Wechsel resp. Schuldschein geliehene Geld 5 bis 6 % Zinsen gezahlt werden, giebt der Vorschuß-Verein Darlehne zu $4^1/_2$ bis 5 %, je nach Art des Wechsels. Der Vorschuß-Verein hat für bestimmte Bezirke s. g. Vertrauensmänner, welche die Verhältnisse der in ihrem Bezirk Wohnenden ziemlich genau kennen und in deren Gegenwart die betreffenden Wechsel von den Acceptanten und je 1 bis 2 zahlungsfähigen Bürgen gezeichnet werden müssen. Zugleich mit dem Wechsel wird dann von Seiten des Vertrauensmannes ein bezügliches Gutachten über die Verhältnisse des Darlehnssuchenden dem Verein zur Kenntnißnahme eingeschickt. Die Wechsel laufen auf $^1/_4$ Jahr und sind nach Ablauf dieser Zeit durch Zinszahlung und erfolgter Abzahlung von mindestens $^1/_{10}$ der geliehenen Summe wieder zu erneuern. Hat dieses Institut, der Vorschuß-Verein, im Laufe der letzten Jahre eine stetig wachsende Zahl von Anhängern in dieser Gegend gefunden, so bedingt dieses durchaus nicht eine Zunahme der Personalschulden; im Gegentheil ist man durch das so gehandhabte System der Rückzahlung, durch die strenge Kontrole der Vertrauensmänner, eher zu der Annahme berechtigt, daß der Vorschuß-Verein größtentheils nur in solchen Fällen benutzt wird, wo sich ein wirklicher Geldmangel fühlbar macht, wie z. B in der geldknappen Sommerszeit, der mit dem üblichen Ausdruck „Saure Gurkenzeit" bezeichneten Periode, in welcher der Landwirth ohne irgend welche Einnahme aus der Wirthschaft für die nicht unerheblichen Kosten der verschiedenen Erntearbeiten Geld beschaffen muß. Die vor ungefähr einem Jahre bei genanntem Vorschuß-Verein erfolgte Herabsetzung des Zinsfußes um $^1/_2$ % hat den Besitzern eine so billige Geldquelle geschaffen, daß dem Geldwucher, wie er vor 15 bis 20 Jahren in dieser Gegend in gewisser Ausbreitung geherrscht, jetzt jedes Feld verschlossen ist. Die Höhe der von den gesammten Orts-Einwohnern bei dem Vorschuß-Verein kursirenden vierteljährlich wechselnden Schuldenlast kann man ungefähr auf 6000 Mk. annehmen.

Andere Geldquellen außer den vorher genannten werden von den Grundbesitzern der hiesigen Gegend nicht in Anspruch genommen.

Steuern, Ortsarmen- und andere Lasten.

Der Gesammtbetrag der in der Gemeinde gezahlten direkten Staatssteuern setzt sich aus folgenden Positionen zusammen;

Art der Steuern:	im Jahre 1868.	im Jahre 1888.
	M	M
1. Klassifizirte Einkommensteuer	—	90,00
2. Klassensteuer	864,00	489,00
3. Grundsteuer	387,89	385,77
4. Gebäudesteuer	136,90	253,50
5. Gewerbesteuer	165,00	165,00
	1553,79	1383,27

Die Steuersumme ist also im Jahre 1888 um 170,52 Mk. = 10,97 % geringer geworden. Eine nennenswerthe Aenderung in der Höhe der einzelnen Steuerarten ist bei der Klassen- und Gebäudesteuer zu konstatiren. Die gegen 1868 eingetretene Abnahme der Klassensteuer um 375 Mk. oder 43,4 % erklärt sich theils durch den Wegfall der beiden untersten Stufen derselben, theils durch das Hinzukommen der klassifizirten Einkommensteuer im Betrage von 90 Mk. Die Gebäudesteuer ist in Folge von Neubauten und der im Jahre 1878 erfolgten neuen Kataster-Aufnahme um 116,60 Mk. = 85,17 % höher geworden. Die Vertheilung der Staatssteuern auf die Besitzkategorien enthält folgende Tabelle:

Lauf. Nummer.	Zahl der Besitzer.	Besitzkategorie mit Thaler Grundsteuer-Reinertrag.	Summen der zu zahlenden Staatssteuern in Mk.					Gesammtfläche.	Summa. Mk.	Pro ha. Mk.
			klassifizirte Einkommensteuer	Klassensteuer.	Grundsteuer.	Gebäudesteuer.	Gewerbesteuer.			
1	4	500 – 100 Thlr.	90	108	219,39	90,50	–	274,1776	507,89	1,85
2	9	100 – 30 „	–	123	179,99	78,10	—	181,5076	381,39	2,10
3	2	30 – 20 „	—	—	14,07	10,20	—	21,6110	24,27	1,12
4	15	unter 20 „	—	21	11,18	46,60	57,00	28,2909	136,08	4,81
5	1	Haus u. Hofraum	—	—	—	0,60	21,00	0,1014	24,60	—
								405,6915	1074,23	2,65

Eine Berechnung der Steuer pro ha. für Nro. 5 hat keine Bedeutung, da in derselben fast nur Gewerbesteuer gezahlt wird. Der Wegfall der Klassensteuer in Nro. 3 und der Zutritt der Gewerbesteuer in Nro. 4 verursachen hier die verhältnißmäßig hohe Steuerquote pro ha. Der Rest der direkten Staatssteuern in Höhe von 309,04 Mk. wird von denjenigen Ortseinwohnern aufgebracht, welche weder Land noch Haus besitzen. Rechnet man sämmtliche in der Gemeinde gezahlten Steuern zusammen, so ergiebt dieses:

direkte Staatssteuern	1383,27	Mk.
Provinzial- und Kreisabgaben	544,24	"
Domänen-Renten	312,90	"
Rentenbank-Renten	269,61	"
Gemeindesteuern incl. Ortsarmenlasten und Abgaben für Schulzwecke	1012,59	"
	3973,72	Mk.

Vergleicht man die Einwohnerzahl der Gemeinde, die aus 533 Köpfen besteht, mit dieser Steuersumme, so kommen pro Kopf der ortsanwesenden Bevölkerung jährlich 7,45 Mk., ein etwas hoher Betrag, wenn man in Erwägung zieht, daß die grundbesitzenden Klassen, welche im Dorfe in der Minorität vorhanden sind, den Hauptantheil zu entrichten haben. Die Zahlung dieser Abgaben ist nach Angabe der Steuerbehörden ziemlich prompt zu den Terminen erfolgt, wenn auch unter den Besitzern selbst Klagen über die unerschwingliche Höhe derselben laut werden; aber letzteres liegt ja in der Natur der Sache und ist auch durch die ungewöhnliche Höhe und starke Steigerung der Ortskommunallasten begründet. Die Kommunallasten, welche in der Weise zur Vertheilung gelangen, daß sie zur Hälfte auf die Klassen- resp. klassificirte Einkommensteuer und zur Hälfte auf die Grundsteuer berechnet werden, sind im Laufe der letzten 20 Jahre bedeutend gestiegen und im Vergleich zu den direkten Staatssteuern auf 105,81 % derselben angewachsen. Gründe dafür dürften in den während dieser Zeit vorgekommenen Verbesserungen von Kommunikationswegen, in ausgeführten Kirchen- und Schulbauten und hauptsächlich in der von Jahr zu Jahr sich steigernden Ortsarmenlast zu suchen sein.

Ich habe schon vorher darauf hingewiesen, daß der Zuzug von Arbeiterpersonal und Gewerbetreibenden jährlich zunimmt.

Außerdem tritt die Erscheinung zu Tage, daß von den neu eingezogenen Familien gegen 50 % dem Dorfe schließlich zur Last fallen. Es kommen nicht selten Fälle vor, in welchen der Mann seine ganze zahlreiche Familie im Stich läßt und nach industriellen Bezirken auf Nimmerwiedersehen auswandert. Kommt er ausnahmsweise wieder nach seiner Heimath zurück, dann pflegen mit seiner Rückkehr oft bedeutende Kosten für die Gemeinde verbunden zu sein; denn gewöhnlich wird nur auf Grund eingetretener Hülfsbedürftigkeit und Erkrankung des Auswanderers sein eigentlicher Heimathsort, in welchem er seinen Unterstützungswohnsitz hat, zu ermitteln gesucht und zur Erstattung der entstandenen Kosten in Anspruch genommen. Einen solchen Fall möge folgendes Beispiel illustriren: Vor 7 Jahren verschwand ein Handwerker aus dem Gemeinde-Bezirk Gr. B., wo er seinen Unterstützungswohnsitz erworben hatte, ohne daß man wußte, wohin er sich gewendet; nach 3/4 Jahren stellte es sich heraus, daß derselbe in einer süddeutschen Fabrikstadt bereits 1/4 Jahr krank auf Veranlassung der dortigen Stadtbehörde ärztlich behandelt und verpflegt wurde. Auf Grund seiner Ortsbehörigkeit zu dem Gemeindebezirk Gr. B. war letzterer verpflichtet, den inzwischen schwachsinnig gewordenen Kranken aus seinem Aufenthaltsort abholen zu lassen und die Verpflegungs- und Kurkosten zu bezahlen. Die gesammten Unkosten beliefen sich auf ca. 400 Mk. Auswanderungen von ganzen Familien oder Familienangehörigen, die zu Ungunsten des Unterstützungswohnsitzes ähnliche Folgen nach sich ziehen, zeigen sich in mehr oder weniger fühlbarer Weise in vielen Landgemeinden Littauens, und würde eine zweckmäßige Abänderung des § 10 des Gesetzes über den Unterstützungswohnsitz vom 6. Juni 1870 die Gefahr der Ueberbürdung mancher Gemeinden mit solchen unvorhergesehenen Ausgaben wesentlich verringern.

Zur Vermehrung der Ortsarmenlast für Gr. B. hat neben der Auswanderung noch die durch Tod oder Krankheit recht rüstiger Familienväter herbeigeführte Hilfsbedürftigkeit einiger Familien beigetragen, welche von der Gemeinde unterstützt oder vollständig ernährt werden müssen.

Vor 10 bis 15 Jahren war in der Gemeinde Gr. B. von einer Armenlast überhaupt kaum die Rede; heute besitzt dieselbe 23 Ortsarme, d. i. 4,3 % ihrer Einwohner, darunter 9 Erwachsene (5 Männer und 4 Frauen) mit 14 Kindern.

Von den Männern sind 3 zwischen 50 und 60 Jahren, einer 80 und einer 25 Jahre alt. Von den Frauen 3 zwischen 45 und 40 Jahren und eine 70 Jahre alt. Außer 2 Männern, welche von den Besitzern reihum bespeist und beherbergt werden, erhalten sämmtliche Ortsarme Unterstützungen in baarem Gelde und zwar:

1 Frau mit 6 Kindern monatlich 9 Mk. macht jährlich .	108	Mk.
1 Frau mit 4 Kindern monatlich 6 Mk. macht jährlich .	72	"
1 Frau mit 4 Kindern monatlich 3 Mk. macht jährlich .	36	"
1 Frau monatlich 2½ Mk. macht jährlich	30	"
2 Männer je 3 Mk. pro Monat macht jährlich . . .	72	"
dazu Wohnungsmiethe	39	"
1 Mann pro Monat 6 Mk. macht jährlich	72	"
Summa	429	Mk.

Veranschlagt man Beköstigung, Wohnung und Bekleidung der beiden reihum verpflegten Männer pro Tag und Person mit 0,50 Mk, so ergiebt dieses für beide die Summe von 360 Mk. jährlich, so daß sich die ganze Ortsarmenlast pro Jahr auf 789 Mk., d. i. 53,9 % aller Ortskommunalabgaben beläuft. Ein Herabsinken derselben für die nächsten Jahre steht nicht zu erwarten, da in Folge der Einrichtungen von neuen Wohnräumen eine Vermehrung der arbeitenden Klassen vorauszusehen ist, aus denen sich die Zahl der Ortsarmen rekrutirt.

Dem kirchlichen Verbande entspringend, hafteten auf den Grundstücken der Gemeinde noch einige Natural-Lasten, welche auf Grund des Gesetzes betreffend die Ablösung der den geistlichen und Schul-Instituten, sowie frommen und milden Stiftungen ꝛc. zustehenden Realberechtigungen vom 27. April 1872 in Geld abgelöst sind.

Der eine Theil dieser Verpflichtungen bestand aus:

1. der jährlichen Entrichtung von 14 Mk. 88 Pfg. Realdezem an die Kirche in Gr. B.;
2. der jährlichen Lieferungen von:

1	Scheffel	8	Metzen	2,2	Quart	Weizen,
12	"	½	"	—	"	Roggen,
9	"	3	"	1,9	"	Gerste,
6	"	12	"	0,5	"	Hafer,
1	"	8	"	1,5	"	Erbsen,

25,09 Pfd. geschwungenen Flachses an die Pfarrstelle daselbst.

Die Abfindung der berechtigten Institute erfolgte in einem Rezeß vom 16. August 1879 durch den 25fachen Betrag des Jahreswerthes der vorbezeichneten Leistungen nach dem Nennwerth bezw. in baarem Gelde, wogegen die Verpflichteten an die Rentenbank der

Provinzen Ost- und Westpreußen eine Jahresrente zu entrichten haben, welche $4^{1}/_{2}$ % der von letzterer gewährten Abfindung beträgt. Der Jahreswerth der zur Ablösung gelangten Leistungen betrug 169,48 Mk.; die Abfindungssumme zum 25 fachen Betrage 4240,25 Mk. Von der Abfindung erhalten:

Jahreswerth der zur Ablösung gelangenden Leistungen.			Abfindung zum 25 fachen Betrage.		Die Abfindung erhält der Berechtigte					
					von den Verpflichteten baar (für die Pfennigspitzen) mit			von der Rentenbank in Rentenbriefen oder baar mit		
	ℳ	₰	ℳ	₰	ℳ	₰	$^{1}/_{9}$	ℳ	₰	$^{1}/_{9}$
1. die Kirche	14	89	372	25	26	91	6	345	33	3
2. die Pfarrstelle . .	154	72	3868	—	—	—	—	3868	—	—
Summa	169	61	4240	25	26	91	6	4213	33	3

Die für die Verpflichteten ausgeworfenen jährlichen Renten betragen $4^{1}/_{2}$ % von der Abfindungssumme, d. i. 189,50 Mk. Die anderen Reallasten bestanden in der Verpflichtung einzelner Besitzer für die Pfarrstelle der reformirten Kirche in der Kreisstadt Deputatholz aus der Königlichen Forst anzufahren und die Holznebenkosten zu bezahlen. Diese Last war um so drückender, als die Betreffenden bei schlechten Landwegen gegen 22 km. bis zu der bestimmten Forst zu fahren hatten und die Entfernung von dort bis nach der Stadt auch noch eine Meile betrug, so daß die Anfuhr immer eine gute Tagesreise in Anspruch nahm. Durch Rezeß vom 21. September 1884 wurden auch diese Reallasten abgelöst. Die Verpflichteten, 13 an der Zahl, wählten die Ablösung ebenfalls durch Amortisationsrente unter Vermittelung derselben Rentenbank. Der Betrag des festgesetzten Jahreswerthes der Leistungen machte 27,29 Mk. aus und ergab diese Summe zum $22^{2}/_{9}$ fachen Betrage des Jahreswerthes genommen, ein Abfindungskapital von 606 Mark $44^{4}/_{9}$ Pfg. Die Rentenbank erhält $4^{1}/_{2}$ % der Abfindung, also 26,70 Mk., wofür sie der Pfarre in Rentenbriefen und baar als Kapitalspitzen 593 Mk. $33^{3}/_{9}$ Pfg. gewährte.

Sämmtliche Rentenbank-Renten werden in monatlichen Raten postnumerando an die von der Rentenbank bezeichnete Steuerkasse entrichtet und ist durch eine $56^{1}/_{2}$ Jahre nach Maßgabe des § 22 des Rentenbankgesetzes vom 2. März 1850 fortgesetzte Zahlung die Schuld als vollständig getilgt zu betrachten. Bei beiden stattgehabten Auseinandersetzungen wurden die entstandenen Kosten von beiden Theilen zur Hälfte und von den Verpflichteten unter einander nach Verhältniß des Jahreswerths ihrer Abgaben getragen.

Die noch gezahlten Domainen-Renten bestanden vor 35 Jahren theils aus Körnerlieferungen für das große Waisenhaus und die Universität in Königsberg, theils in Hand- und Gespanndiensten und Naturalleistungen für das Amt Georgenburg und zum kleinen Theil haben sie ihren Ursprung in dem im Jahre 1808 stipulirten Domainenzins im Betrage von 16,67 Mk. Die Umwandlungen der ersten beiden Positionen in Geldrente, welche nach 56½ Jahren amortisirt ist, erfolgte in zwei Terminen am 13. November 1855 und 1. Oktober 1856.

Die Rentabilität des landwirthschaftlichen Betriebes, sowie Kauf- und Pacht-Preise.

Es ist Thatsache, daß während der letzten 20 Jahre der Kulturzustand sämmtlicher bäuerlichen Wirthschaften des Gemeindebezirks sich bedeutend gehoben hat, daß durch fortgesetzte rationellere Betriebsweise die Erträge aus Ackerbau und Viehzucht fortlaufend in die Höhe gegangen und die Konjunkturen sowohl für diese Erzeugnisse wie für Grund und Boden mit Verbesserung und Erweiterung der Verkehrs- und Absatz-Verhältnisse aus ihrer gedrückten Lage emporgestiegen sind. Die höheren Natural-Roherträge haben auch eine Vermehrung des Geld-Rohertrages*) im Gefolge gehabt, und da die allerdings etwas gesunkenen Verkaufspreise für landwirthschaftliche Produkte, namentlich für Ackerbauprodukte, von der größer gewordenen Produktion vollständig aufgewogen werden und auch die absolute Höhe der vermehrten Wirthschaftskosten nicht an diejenige der Roherträge heranreicht, so kann man einen Fortschritt in der Rentabilität des landwirthschaftlichen Betriebes im Großen und Ganzen nicht ableugnen. Dieser Fortschritt ist natürlich nicht auf allen Besitzungen ein gleich großer. Wie er in manchen ein unverkennbar umfangreicher ist, so ist er in anderen auch nur ein geringer und in vereinzelten Fällen macht sich wohl auch ein Rückschritt in der Rentabilität bemerkbar. Letzteres findet seinen Grund in der mangelhaften Art des Betriebes, in der zu geringen Energie und Intelligenz des Bauers und hauptsächlich in dem Mangel an erforderlichem Betriebskapital, welches den Besitzer leicht zu wirthschaftlichen Fehlern und Untugenden verleiten kann. —

*) von der Goltz, Landwirthschaftliche Taxationslehre 1. Theil S. 240.

Ein auf genaue Zahlen sich stützendes Bild von dem Schwanken des Reinertrages für die verschiedenen Wirthschaften und Jahre zu geben, ist leider unausführbar gewesen, da die hierzu nothwendigen Notizen und Ermittelungen bei keinem Besitzer vorhanden sind und nirgend eine auch nur annähernd zuverlässige Buchführung existirt.

Ich habe mich deshalb darauf beschränken müssen, auf Grund meiner Kenntniß der betreffenden Wirthschaftsverhältnisse und aus den Angaben glaubwürdiger Besitzer über die Durchschnitts-Resultate der letzten 5 Jahre, für diese Periode Rentabilitätsberechnungen von vier verschieden großen Wirthschaften des Orts aufzustellen, in der Weise, daß ich die Wirthschaftskosten und den Geld-Rohertrag ermittelt und aus der Differenz beider den Reinertrag festgestellt habe.

Rentabilitätsberechnungen.

I. Das größte Grundstück der Gemeinde besteht aus einer Gesammtfläche von 131 ha. 14 a. 80 □-m. mit einem Grundsteuer-Reinertrage von 319,36 Thaler und einem Gebäudesteuer-Nutzungswerth von 91,84 Mk. Es besitzt ca. 105 ha. Ackerland, 18 ha. Wiese und 8,5 ha. Weide und Torfbruch und wird in 7 Schlägen bewirthschaftet. Der Geldrohertrag ergiebt sich aus folgenden Positionen:

Aussaat.	Rohertrag.	Nach Abzug des Bedarfs für die eigene Wirthschaft, zur Aussaat u. als Deputat für die verheiratheten Instl. kommen zum Verkauf:	Geld-Rohertrag.
Mengfrucht (Wicken, Hafer, Erbsen, Gerste) in die Brache . . 40 Schffl.	10 Fuder werden trokken gemacht, das andere grün verfüttert . .	—	—
Roggen . . . 75 „	600 Schffl.	300 à 5 Mk.	1500 Mk.
Weizen . . . 50 „	400 Schffl.	280 à 7 „	1960 „
Klee mit Timoth. 7 Ctr.	75 Fuder à 20 Ctr.	— „	— „
Kartoffeln . . 60 Schffl.	360 Schffl.	— „	— „
Rüben . . $2^1/_2$ ha.	1000 Ctr.	— „	— „
Erbsen . . . 10 Schffl.	60 Schffl.	— „	— „
Gerste . . . 40 „	320 Schffl.	150 à 4 „	600 „
Hafer . . . 180 „	1080 Schffl.	— „	— „
von den Wiesen . . .	40 Fuder Heu . .	— „	— „
aus dem Bruche . . .	10 Fuder Heu und 50000 Stück Torf . .	— „	— „
	Obst für	— „	100 „
		Summa	4160 Mk.

An lebendem Inventarium werden gehalten:		Zum Verkauf gelangen:	Geld-Rohertrag.
Arbeitspferde	14		
junge Pferde	9	2 junge Pferde à 500 Mk.	1000 Mk.
Kühe	15	6 Kühe à 150 Mk.	900 „
Jungvieh	45	8 Stück Jungvieh (Ochsen) à 170 Mk.	1360 „
Mutterschafe mit Bock	11		
Lämmer	15		
Eber	1		
Zuchtsäue	3	20—25 Schweine	600 „
Ferkel	25		
Hühner	30	Butter, Milch und Eier zusammen für	150 „
		Summa	4010 Mk.

Zu der Besitzung gehören außer dem eigenen Wohn- und Insthaus noch 2 andere Häuser, welche vermiethet sind und eine jährliche Miethe von zusammen 238 Mk. bringen; außerdem ist mit der Landwirthschaft gleichzeitig eine Krugwirthschaft verbunden, die in früheren Jahren vom Besitzer selbst betrieben wurde, jetzt aber verpachtet ist und 1000 Mk. pro Jahr abwirft. Sie hat in sofern Einfluß auf den Wirthschaftsbetrieb, als dem Pächter kleine Acker-, Wiesen- und Gartenparzellen von ca. $2^1/_2$ ha. mit der Pacht in Nutzung gegeben sind. Darnach stellt sich der Gesammt-Rohertrag auf:

4160 Mk.	Einnahmen aus Acker- und Gartenbau,
4010 „	Einnahmen aus der Viehhaltung,
238 „	Miethe aus den Häusern,
1000 „	Pacht aus der Gastwirthschaft.
9408 Mk.	Geld-Rohertrag.

Die Wirthschaftskosten betragen:

Arbeitslöhne:

4 Instleutefamilien mit Scharwerkern incl. Tagelohn	792,00 Mk.	
2 unverheirathete Knechte	201,00 „	
1 unverheiratheter Hirt	61,00 „	
1 Hütejunge	60,00 „	
3 Mädchen	202,00 „	
Tagelöhne für freie Arbeiter	150,00 „	
Akkordarbeiten (Mergeln)	150,00 „	
	1616,00 Mk.	1616,00 Mk.

Steuern und andere Abgaben.

Einkommensteuer	90,00 Mk.	
	90,00 Mk.	1616,00 Mk.

Uebertrag	90,00	Mk.	1616,00	Mk.
Gebäudesteuer	43,50	„		
Grundsteuer	92,00	„		
Domainen-Renten	48,40	„		
Bank-Renten	30,00	„		
Kreis-Kommunalsteuern	118,00	„		
Orts-Kommunalabgaben	300,00	„		
	721,90	Mk.	721,90	„

Für Zwecke der Thierzucht.

Kauf von Zuchtkälbern	75,00	Mk.		
Deckgeld für 4—6 Stuten . . .	72,00	„		
Sprunggeld für Kühe	37,50	„		
	184,50	Mk.	184,50	„

Ankauf von Futter-, Saat- und Düngemitteln.

Kraftfutter (Palm- u. Rübkuchen)	200,00	Mk.		
Kleesaat	250,00	„		
Künstlicher Dünger	700,00	„		
	1150,00	Mk.	1150,00	„

Handwerker:

Schmidt	200,00	Mk		
Stellmacher	100,00	„		
Müller	150,00	„		
	450,00	Mk.	450,00	„

Versicherungsprämien:

Feuerversicherung der Gebäude .	140,00	Mk.		
Feuerversicherung des Inventars .	120,00	„		
Hagelversicherung	200,00	„		
	460,00	Mk.	460,00	Mk.
Anschaffung und Abnutzung des toten Inventars			250,00	„
Reparatur und Instandhaltung der Gebäude .			150,00	„
Holz zum Wirthschaftsbedarf			100,00	„
Ein Ausgedinge in Geld umgerechnet			700,00	„
Summa Wirthschaftskosten			5782,40	Mk.
Geld-Rohertrag			9408,00	„
bleibt Reinertrag			3625,60	Mk.

II. Größe der Besitzung 60 ha., 97 a. mit einem Grundsteuer-Reinertrag von 186,05 Thaler und einem Gebäudesteuer-Nutzungswerth von 53,51 Mk. Zu derselben gehören 50 ha. Acker 9 ha. Wiesen und ca. 2 ha. Bruchweide. Die Bewirthschaftung erfolgt in 6 Schlägen.

Berechnung des Geld-Rohertrages:

Aussaat:		Ertrag:	Vom Ertrage werden verkauft:	Gelbertrag:
Mengfrucht	10 Schffl.	grün verfüttert		
Roggen	35 „	245 Schffl.	100 Schffl. à 5 Mk.	500,00 Mk.
Weizen	15 „	105 „	60 „ à 7 Mk.	420,00 „
Klee	3 Ctr.	30 Fuder		
Kartoffeln	40 Schffl.	240 Schffl.		
Rüben	$^3/_4$ ha.	300 Ctr.		
Erbsen	10 Schffl.	50 Schffl.	15 Schffl. à 5,50 Mk.	82,50 „
Gerste	12 „	84 „	30 „ à 4 Mk.	120,00 „
Hafer	70 „	420 „	150 „ à 2,50 Mk.	375,00 „
Wiesenheu		17 Fuder		
			Summa	1497,50 Mk.

An Thieren werden gehalten:		Davon kommen zum Verkauf:	Geldertrag:
Arbeitspferde	8		
junge Pferde	2	2 Fohlen à 180 Mk.	360,00 Mk.
Kühe	7	2 Kühe à 140 Mk.	280,00 „
Jungvieh	17	4 Stück Jungvieh à 150 Mk.	600,00 „
Mutterschafe	12	5 Schafe à 8 Mk.	40,00 „
Lämmer	16		
Zuchtsäue	2	10 Schweine	250,00 „
Ferkel	10		
Hühner	24		
Gänse	4		
		Summa	1530,00 Mk.

Die zu diesem Grundstück gehörigen 4 Häuser, welche vermiethet sind, bringen zusammen einen Miethserlös von 600,00 Mk.
Aus dem Ackerbau . . . . 1497,50 „
Aus der Viehhaltung . . . . 1530,00 „

Summa Geld-Rohertrag 3627,50 Mk.

Wirthschaftsunkosten:

Arbeitslöhne:

2 unverheirathete Knechte . . . 195,00 Mk.
2 Mädchen . . . . 120,00 „
1 Hirt . . . . 60,00 „
375,00 Mk.

		Uebertrag	375,00 Mk.
1 Hütejunge	60,00 Mk.		
Tagelöhner	100,00 „		
	535,00 Mk.		535,00 „

Steuern und andere Abgaben:

Klassensteuer	42,00 Mk.	
Gebäudesteuer	26,00 „	
Grundsteuer	55,00 „	
Domainen-Renten	60,50 „	
Rentenbank-Renten	27,00 „	
Kreiskommunalsteuern	63,00 „	
Orts-Kommunalabgaben	150,00 „	
	423,50 Mk.	423,50 „

Für Zwecke der Thierzucht:

Deckgeld für Stuten	50,00 Mk.	
Deckgeld für Kühe	15,00 „	
	65,00 Mk.	65,00 „

Ankauf von Futter-, Saat- und Düngemitteln:

Kleesaat	50,00 Mk.	
künstliche Dünger	100,00 „	
	150,00 Mk.	150,00 „

Handwerker:

Schmidt	90,00 Mk.	
Stellmacher	50,00 „	
Müller	75,00 „	
	215,00 Mk.	215,00 „

Versicherungsprämien:

Feuerversicherung der Gebäude .	100,00 Mk.	
Feuerversicherung des Inventars .	38,00 „	
	138,00 Mk.	138,00 „
Anschaffung und Abnutzung des toten Inventars		100,00 „
Reparatur und Instandhaltung der Gebäude .		150,00 „
Für Holz zur Wirthschaft		100,00 „
	Summa Wirthschaftskosten	1876,50 Mk.
	Geld-Rohertrag	3627,50 „
	bleibt Reinertrag	1751,00 Mk.

III. Eine Besitzung von 29 ha., 25 a., 40 □=m. mit 79,07 Thaler Grundsteuer-Reinertrag und 22,74 Mk. Gebäudesteuer-Nutzungswerth hat ca. 25 ha. Ackerland und 4,2540 ha. Wiesen und wird in 6 Feldern bewirthschaftet.

Berechnung des Geld-Rohertrages.

Aussaat:		Ertrag:	Davon werden verkauft:	Gelderertrag:
Mengfrucht	6 Schffl.	grün verfüttert		
Roggen	22 „	154 Schffl.	45 Schffl. à 5 Mk.	225 Mk.
Weizen	8 „	50 „	20 „ à 7 Mk.	140 „
Klee	2 Ctr.	20 Fuder		
Kartoffeln	40 Schffl.	240 Schffl.		
Rüben	1/2 ha.	200 Ctr.		
Erbsen	5 Schffl.	25 Schffl.		
Gerste	10 „	80 „	20 „ à 4 Mk.	80 „
Hafer	35 „	210 „	40 „ à 2,50 Mk.	100 „
Heu von den Wiesen		8 Fuder.		
			Summa	545 Mk.

An Thiere werden gehalten:		Davon kommen zum Verkauf:	Geldertrag:
Arbeitspferde	4		
Fohlen	1—2	1 Fohlen à 210 Mk.	210 Mk.
Kühe	4	1 Kuh à 120 Mk.	120 „
Jungvieh	7	2 Stück Jungvieh à 100 Mk.	200 „
Mutterschafe	8		
Lämmer	12	5 Lämmer à 8 Mk.	40 „
Zuchtsäue	2	10 Schweine	200 „
Ferkel	10		
Hühner	8	Butter und Eier	30 „
		Summa	800 Mk.
		dazu	545 „
		Summa Geld-Rohertrag	1345 Mk.

Wirthschaftskosten.

Arbeitslöhne.

1 Knecht	95,00 Mk.	
2 Mädchen	120,00 „	
1 Hütejunge	60,00 „	
Tagelöhner	60,00 „	
	335,00 Mk.	335,00 Mk.

Steuern und andere Abgaben.

Klassensteuer	12,00 Mk.	
Gebäudesteuer	4,00 „	
	16,00 Mk.	335,00 Mk.

Uebertrag	16,00 Mk.	335,00 Mk.
Grundsteuer	21,00 „	
Domainen-Renten	1,60 „	
Rentenbank-Renten	18,00 „	
Kreiskommunalsteuern	21,00 „	
Ortskommunalabgaben	72,00 „	
	149,60 Mk.	149,60 „

Für Zwecke der Thierzucht.

Deckgeld für Stuten	30,00 Mk.	
Deckgeld für Kühe	10,00 „	
	40,00 Mk.	40,00 „

Handwerker.

Schmidt	50,00 Mk.	
Stellmacher	20,00 „	
Müller	50,00 „	
	120,00 Mk.	120,00 „
Feuerversicherung der Gebäude		35,00 „
Anschaffung und Abnutzung des toten Inventars		50,00 „
Reparatur und Instandhaltung der Gebäude . .		40,00 „
Für Holz zur Wirthschaft		50,00 „
Summa Wirthschaftskosten		819,60 Mk.
Geld-Rohertrag		1345,00 „
bleibt Reinertrag		525,40 Mk.

IV. Größe der Besitzung 16 ha., 51 a., 60 □-m.; Höhe des Grundsteuer-Reinertrages 46,65 Thaler, des Gebäudesteuer-Nutzungswerthes 13,42 Mk. Von der Gesammtfläche sind 15 ha. Ackerland und 1,5 ha. Wiese. Es wird ebenfalls in 6 Feldern gewirthschaftet.

Berechnung des Geld-Rohertrages.

Aussaat:		Ertrag:
Mengfrucht . . .	3 Scheffel,	grün verfüttert,
Roggen	10 „	70 Scheffel,
Weizen . . .	4 „	24 „
Klee	1 Ctr.	10 Fuder,
Kartoffeln . . .	20 Scheffel,	120 Scheffel,

Aussaat:		Ertrag:
Rüben	1/4 ha.	100 Ctr.,
Erbsen	2 Scheffel,	10 Scheffel,
Gerste	6 „	42 „
Hafer	24 „	120 „
Wiesenheu		3 Fuder.

Von dem Rohertrage des Ackerlandes kommt nichts zum Verkauf, sondern Alles wird in der eigenen Wirthschaft verbraucht.

An Thieren werden gehalten:		Davon werden verkauft:	Gelbertrag:
Arbeitspferde . .	2		
Kühe	3	1 Kuh	120 Mk.
Jungvieh . . .	4	1 Stück Jungvieh .	100 „
Mutterschafe . .	4		
Lämmer . . .	6		
Zuchtsäue . . .	2	8—10 Schweine . .	200 „
Ferkel	10		
Hühner	15	Milch, Butter Eier .	70 „
		Summa	490 Mk.
Dazu kommt ein jährlicher Verdienst durch Holzfahren aus der Königlichen Forst nach der Stadt			100 „
An Miethe für eine Stube in des Besitzers Wohnhaus			45 „
		Summa Geld-Rohertrag	635 Mk.

Wirthschaftskosten.

Gesindelohn für 1 Mädchen . . . . 60,00 Mk.

Steuern:

Klassensteuer	12,00 Mk.	
Gebäudesteuer	4,20 „	
Grundsteuer	13,50 „	
Rentenbank-Renten	18,00 „	
Kreiskommunalsteuern	15,50 „	
Ortskommunalabgaben	50,00 „	
Summa	113,20 Mk.	113,20 „
Deckgeld für Kühe		7,50 „
Künstlicher Dünger		25,00 „
		205,70 Mk.

		Uebertrag	205,70 Mk.
Schmidt	. . . .	35,00 Mk.	
Stellmacher	. . . .	15,00 „	
Müller	. . . .	35,00 „	
		85,00 Mk.	85,00 „
Versicherung der Gebäude gegen Feuer	. . .		9,00 „
Anschaffung und Abnutzung des toten Inventars			20,00 „
Reparatur und Instandhaltung der Gebäude	. .		30,00 „
Holz für die Wirthschaft	. . . .		30,00 „
		Summa Wirthschaftskosten	379,70 Mk.
		Geld-Rohertrag	635,00 „
		bleibt Reinertrag	255,30 Mk.

In Prozenten ausgedrückt ist das Verhältniß der für die einzelnen Besitzungen berechneten Reinerträge zu dem jetzigen Werthe derselben ein verschiedenes und zwar stellt es sich bei der kleinsten am ungünstigsten und bessert sich stufenweise mit dem Größerwerden der Besitzfläche. Desgleichen steigt der Reinertrag pro Hektar mit der Zunahme im Umfange der Besitzung. Zur Feststellung des Reinertrages pro Hektar und pro Thaler Grundsteuerreinertrag habe ich bei Nro. I. die Einnahme aus der Verpachtung der Gastwirthschaft nicht berücksichtigt und als Rohertrag für die dadurch gewonnenen $2^1/_2$ ha. Land die aus den beiden Häusern erzielte Miethe im Betrage von 238 Mk. gelten lassen. Außerdem ist das Ausgedinge von 700 Mk. weggelassen, so daß dann der Reinertrag auf 3325,60 Mk. im Ganzen sich beläuft. Ebenso ist bei Nro. II. die Miethe aus den vier Häusern, welche 600 Mk. beträgt, in Abzug gebracht und nur 1151,00 als Reinertrag angenommen. Die untenstehenden Zahlen bringen das Ganze zur Veranschaulichung.

	Größe der Besitzung ha.	Werth *). Mk.	Reinertrag. Mk.	Reinertrag in Prozenten vom Werth.	Reinertrag pro ha. Mk.	Der erzielte Reinertrag stellt sich p. Thlr. Grundsteuerreinertrag auf Mk.
I.	131,14,80	97500	3625,00	$3^3/_4$	25,36	10,41
II.	60,97,00	50000	1751,00	$3^1/_2$	18,88	6,19
III.	29,25,40	21000	525,40	$2^1/_2$	17,96	6,64
IV.	16,51,60	14500	255,30	$1^3/_4$	15,46	5,47

Der Grund, weshalb der Reinertrag sich um so besser stellt, je umfangreicher die Besitzung ist, liegt größtentheils darin, daß hier bei den größeren Besitzern der ganze landwirthschaftliche Be-

*) Die Gutswerthe sind nach Schätzungen Sachverständiger angenommen.

trieb sich durchgängig rationeller und demzufolge einträglicher gestaltet als bei den kleineren Wirthen. Ein Vergleich der in den betreffenden Wirthschaften erzielten Geld-Roherträge beweist dieses zur Genüge. Selbstredend soll damit nicht die Behauptung aufgestellt werden, daß dieses für alle ostpreußische landwirthschaftliche Betriebe zutrifft und giebt es auch solche Verhältnisse, in denen das Gegentheil der Fall ist.

Die Preise für Grund und Boden haben seit 1868 eine dauernde Steigerung erfahren, welche man heute auf 50—60 pCt. annehmen kann. Nahe am Dorf gelegener Acker wird mit 950—1400 Mk. pro ha., weiter entfernter mit 480—720 Mk. bezahlt. Je kleiner das Grundstück, desto höher ist verhältnißmäßig sein Preis. Beispielsweise kostet eine Kathe mit 2½ ha. Land im Dorfe ca. 4000 Mk., eine Besitzung von 25 ha. wird mit ca. 20000 Mk. und eine solche von 50 ha. mit 35000 Mk. bezahlt. Bei allen ortsüblichen Käufen wird nach der Höhe des Grundsteuerreinertrages nicht gefragt, da derselbe einen höchst unzuverlässigen Faktor für die Werthsermittelung einer Besitzung bildet; denn erfahrungsmäßig hat es sich gezeigt, daß man bei Berücksichtigung des Grundsteuerreinertrages die mittleren Bodenklassen entschieden zu billig und die besseren viel zu theuer bezahlt.

Verpachtungen kommen außer der des sogenannten Bauerngartens, welcher einen jährlichen Erlös von 15 Mk. einbringt, in der Gemeinde nicht vor, sondern jeder Eigenthümer bewirthschaftet das ihm gehörige Land selbst. Die für den Bauerngarten erzielte Pachtsumme ist zur Charakterisirung des Pachtwerthes von Grund und Boden nicht maßgebend, da derselbe nur eine kleine Fläche darstellt und sich mitten im Dorf im höchsten Kulturzustande befindet.

Art des Erbganges, Lebenshaltung, Sitten und Gebräuche.

Dank der bei der Mehrzahl unserer Bauern herrschenden Familiensitte, ihr Besitzthum in der Familie zu erhalten und von Generation zu Generation weiter zu vererben, ist der bäuerliche Wohlstand durch ungesunde öftere Theilungen und für die Wirthschaft nachtheiligen schnellen Wechsel des Grundbesitzes in seinem Fortschritt nicht gehemmt worden. Der Bauer, namentlich der littauische, ist größtentheils geneigt, seine Besitzung schon bei Lebzeiten einem seiner Kinder abzugeben und sich oft noch in voller Rüstigkeit und Gesundheit zur Ruhe zu setzen. In der Regel erbt der älteste Sohn die väterliche Besitzung, wobei die anderen Kinder gewöhnlich recht stiefmütterlich abgefunden werden, wenn man das Ausgedinge für die Eltern nicht in Anrechnung bringt, das ja nach dem Tode derselben erlischt. Die unangenehme Aussicht, daß durch den Tod des Sohnes das Grundstück in fremde Hände übergehen könnte, veranlaßt die Eltern zuweilen ein recht hohes Ausgedinge sich aussetzen zu lassen. Dasselbe ist so lange nicht drückend, so lange Eltern und Kinder in gutem Einvernehmen miteinander leben. Eine strikte Leistung des fest Ausbedungenen findet dann in der Regel nicht statt, sondern beide Familien führen zusammen einen Haushalt und speisen an einem Tisch. Oft stehen noch die Eltern den Kindern hilfreich zur Seite, indem sie dieselben in der Wirthschaft mit Rath und That unterstützen. Durch das hypothekarisch eingetragene Ausgedinge will der Altsitzer im Stande sein, nöthigenfalls einen Druck auf seine Kinder auszuüben. Zu einer recht unangenehmen, drückenden Last kann das Ausgedinge werden, wenn das betreffende Grundstück durch Kauf in fremde Hände übergeht, was oft zu Hader und Zwietracht führt und die ohnehin schon große Prozeßsucht mancher Bauern steigert. Ein Beispiel für die Höhe der üblichen Ausgedinge giebt folgendes, welches auf einer Besitzung von 30 ha mit 4 Pferden, 2 Fohlen, 4 Kühen, 3 Stärken, 6 Stück Jungvieh und dem nöthigen todten Inventar lastet.

Ausgedinge.

„1. Freie Wohnung in der Stube nach Norden nebst Kammer und dem über der Stube und Kammer befindlichen Luchtraum und dem kleinen Keller, Mitbenutzung der Hausflure, der Küche, der Treppe zur Lucht, des großen Kessels, der Mangel, des Backofens, der Bleiche, wo Verkäufer bleichen wollen, des Brunnens und des Wirthschafts-Inventars zum Gebrauche der Ausgedinger, freie Wege und Stege im ganzen Grundstück; das Recht, die unversorgten Kinder und deren Sachen, sowie besuchsweise auch Freunde in die Ausgedinger-Wohnung aufzunehmen, alleinige Benutzung des sogenannten langen Stall's und des zwei Sparren großen Schuppenraumes auf dem östlichen Ende. Besitzer muß die Wohnung stets wohnlich erhalten.

2. Jährlich im Sommer 5000 Stück trockenen Torf nebst Scheunenraum zur Aufbewahrung, sowie jährlich zu Michael 6 Raummeter Erlen- oder Birken-Knüppelholz mit Anfuhr und Kleinschlagen.

3. Das Stück Land an der Viehtrifft mit der daran stoßenden

Wiese, welches etwa $^{3}/_{4}$ Scheffel Roggenaussaat trägt, in guter jährlicher Düngung, bestehend in 3 vierspännigen Fudern Dünger jährlich und freier vollständiger Bearbeitung nach Bestimmung der Verkäufer, Ausgedinger haben mit Dung und Arbeitskraft so viel sie können, Beihilfe zu leisten und die Zeit der Saat und Ernte ortsüblich zu bestimmen, auch die Saat zu liefern; freie Weide und Hütung für ein Schwein.

4. Benutzung eines Gärtchens auf der nördlichen Seite des Wohnhauses sowie eines Gemüsegartens, sechs Rücken breit von der Chaussee bis zur Drose nebst Bearbeitung und Nutzung der darauf befindlichen Obstbäume, sowie die halbe Nutzung des großen Birnbaum's an der L.'schen Seite.

5. Nutzung einer eisernen Kuh und 2 eiserner Schafe, alles in freier Weide, Hütung mit den Kühen des Besitzers zusammen und Futter nebst Zuzucht. Die Kuh wählen sich Verkäufer aus. Ist es nöthig, eine neue Kuh an Stelle derselben anzuschaffen, so dürfen sich Altsitzer die neue aus den Kühen des Besitzers wählen. Falls die Kuh steht, erhalten Verkäufer täglich ein Liter frische gute Milch.

6. Jährlich und zwar in jährlichen Pränumerationen zu Michaeli jeden Jahres zu liefern und zwar zu Michaeli dieses Jahres, bis wohin Parteien gemeinschaftlich am Tische der Käuferin zusammen essen und arbeiten:

12 Scheffel Roggen à 80 Pfund schwer,
4 „ Weizen à 85 Pfund schwer,
4 „ Gerste à 70 Pfund schwer,
2 „ Erbsen à 90 Pfund schwer,
8 „ Hafer à 50 Pfund schwer,
30 „ gesunde große Eßkartoffeln,
3 Stein gut rein geschwungenen Flachs,
1 gemastetes Schwein, das lebend gewogen 100 Kilogramm wiegt,
6 gemastete Gänse à 12 Pfund schwer,
36 Mark Taschengeld,
zum Frühjahr ein 5 Wochen altes Ferkel,
20 Ctr. Krummstroh.

7. Freies Fuhrwerk zur Mühle, zur Stadt oder zu Verwandten und zurück, so oft Verkäufer es verlangen, doch höchstens auf 2 Meilen Entfernung.

8. Aufwartung in Krankheitsfällen und im Alter. Das Recht 4 Hühner zu halten.

9. Freies anständiges Begräbniß.

Ausgedinger dürfen nach ihrem freien Belieben wegziehen, und muß ihnen dann das tragbare Ausgedinge zwei Meilen nachgeliefert, das Land gewährt und für die Wohnung jährlich 90 Mk. gezahlt werden, auch die Kuh und Schafe mitgegeben werden.

Wenn einer der Ausgedinger stirbt, so fällt nichts weg, vielmehr bleibt alles ungekürzt dem Ueberlebenden ganz und ungetheilt".

Dieses Ausgedinge ist wortgetreu aus dem Grundbuche wiedergegeben, dasselbe beträgt in Geld umgerechnet pro Jahr ca. 700 Mk., welche bei 5 pCt. Verzinsung die Zinsen eines Kapitals von 14000 Mk. repräsentiren, während das Grundstück selbst nur einen Werth von 21000 Mk. besitzt. Ausgedinge in verhältnißmäßig ähnlicher Höhe giebt es in der Gemeinde mehrere. — So lange die Altsitzer leben, nehmen auch ihre Kinder, welche sich bei ihnen aufhalten, am Niesnutz des Ausgedinges Theil; nach ihrem Tode aber fällt das ganze Altentheil dem jeweiligen Besitzer zu, und dessen Geschwister gehen leer aus. Einen tief einschneidenden wirthschaftlichen Nachtheil für den Besitzer bilden diese Altentheile dadurch, daß sie gewöhnlich zur ersten Stelle im Grundbuche eingetragen, seinen hypothekarischen Kredit schwächen und ihm die billigsten Geldquellen verschließen, weil der Ausgedinger sich kaum jemals bewegen läßt, mit seinem Ausgedinge zu Gunsten anderer Hypothekengläubiger eine Stufe im Grundbuche herunterzurücken. Dieser Umstand stört oft das harmonische Verhältniß zweier in einem Hause zusammenwohnender nah verwandter Familien und führt zu mißliebigen Zerwürfnissen zwischen Eltern und Kindern. —

Die Lebenshaltung der Grundeigenthümer, wie der Arbeiter, ist eine sehr verschiedene je nach den Klassen, welchen dieselben angehören. Ist es auch nicht möglich, genaue Haushaltungsbudgets für jede Kategorie aufzustellen, weil durchgängig die wenigsten anzugeben vermögen, wie viel sie zu ihrem jährlichen Unterhalt verbrauchen, so gilt doch als allgemein zutreffend die Wahrnehmung, daß die Besitzer des Dorfes sich an Nahrung und Pflege nichts abgehen lassen, ohne dabei in Verschwendung auszuarten. In Besitzungen von 30—50 ha. Größe, auf denen 6—8 Kühe gehalten werden, dient die Milch lediglich zum Haushalt, außerdem werden ein Rind von ca. 10 Ctr., 10—12 Gänse und Schweine und Schafe nach Bedarf pro Jahr geschlachtet.

Das unverheirathete Gesinde, welches vor 10—15 Jahren mit der Familie seines Brotherrn zusammen zu speisen pflegte, erhält in neuerer Zeit einen Tisch für sich allein und hat am Tage 5 Mahlzeiten, nämlich:

1. Frühstück um 5 Uhr Morgens in Form von Suppe und Brot;
2. Kleinmittag um 9 Uhr, bestehend aus einem gestrichenen Brot und Schnaps; die Mädchen erhalten auch häufig Kaffee mit feinem Brot;
3. Mittag um 12 Uhr, jeden Sonntag und an 3—4 Wochentagen giebt es Fleisch, an anderen Tagen nur Suppe mit Brot und Kartoffeln oder auch Hering dazu;
4. Vesper um 4 Uhr in derselben Weise wie Kleinmittag:
5. Abendbrot, gewöhnlich Suppe mit Kartoffeln oder Brot, an Sonn- und Feiertagen Fleisch und an einigen Wochentagen Hering.

Zu den 3 Hauptmahlzeiten giebt es Brot in unbeschränktem Maße. — Trotz der guten, gegen frühere Jahre erheblich besser gewordenen Verpflegung des unverheiratheten Gesindes lassen sich dessen exorbitante Forderungen oft nicht befriedigen und mehren sich die Fälle, in denen Unzufriedenheiten der Dienstboten mit dem Essen zu Dienstkündigungen von der einen oder anderen Seite führen.

Nicht ganz so reichlich, aber immmerhin auskömmlich ist die Lebenshaltung der Instleute, weniger gut dagegen diejenige der freien Tagelöhner (Eigenkäthner und Einlieger), bei welchen sich der Haushalt ganz nach dem leicht wechselnden Verdienst richten muß. Sichere Angaben über den jährlichen Verdienst und Verbrauch derselben lassen sich nicht erbringen; oft aber dient hier die Nahrung nur dürftig ihrem Zwecke, und manche Familien sind bei harter Winterszeit, nicht ausreichender Arbeit, oder eintretender Krankheit auf freiwillige Unterstützungen von Seiten der Besitzer angewiesen.

Ein geregeltes Hausleben findet man überall. Die Wohnungen, selbst des ärmsten Arbeiters, zeigen in ihrer Einfachheit und Sauberkeit das Bemühen der Einwohner, sich eine angenehme Häuslichkeit zu schaffen. Die vor den Häusern sorgfältig gepflegten Gärten laden zum Aufenthalt ein und gewähren dem von der Wochenarbeit Ermüdeten am Sonntage einen bequemen Erholungsplatz.

Eine Verschwendung im Aufwand an Putz und Kleidung liegt wohl fast ohne Ausnahme allen fern. Allein an Sonntagen und bei vorkommenden feierlichen Begebenheiten wird der sorgsam aufbewahrte Sonntagsrock vorgesucht. Ich habe es nicht ergründen können, ist's Sparsamkeit oder Einfachheit der Sitten, oder Vorliebe zur Hausindustrie, daß mancher wohlhabende Littauer auf seinem Körper noch keinen andern als den selbst gewebten grauen Wandrock gehabt, und daß er noch heute am Sonntage in derselben rothkarrirten Weste einherstolzirt, in welcher er vor 20 Jahren am Altare stand. Für das weibliche Geschlecht hat diese Schilderung nicht unbeschränkte Geltung: Das in großen Städten herrschende Unwesen im Kleiderluxus hat gerade in den letzten 10 Jahren bei einem Theile unserer ländlichen Bevölkerung Eingang gefunden; die in Städten dienenden Mädchen des Orts haben bei ihren Besuchen in die Heimath dazu beigetragen.

Die Bewohner des Orts und der angrenzenden Dörfer, Deutsche sowohl wie Littauer, zeigen kirchliches Interesse und religiöse Gesinnung, so daß nur schlechtes, ungünstiges Wetter dieselben vom Besuche des Gotteshauses fernhält. Der Littauer hat viel mehr Festtage als der Deutsche; so wird die Zeit zwischen Weihnachten und dem Epiphaniasfest (heilige drei Könige) zum Theil noch in der Weise gefeiert, daß an den Tagen vom 27. bis 31. Dezember die Arbeit von Mittag und von da ab bis zum 6. Januar nur für einige Arbeitsstunden des Abends ruht. Er feiert Fastnacht mitunter 1½ Tage, den 25. März (Marientag), den Johannistag am 24. Juni, das Michaelsfest am 29. September und den Martinstag am 11. November. Die Arbeit des Roggenmähens und Flachsbrechens wird theilweise noch gemeinschaftlich von befreundeten Familien mit nachfolgendem großen Schmause ausgeführt.

Die Bewohner dieser Gegend sind fast durchweg biedere, aber mehr dem Materialismus als dem Idealen huldigende Leute. Den meisten ist das Gedeihen der Wirthschaft Lebensfrage, ja jede Fiber ist damit verwachsen. Trotz ihrer Sparsamkeit pflegen dieselben besonderen Luxus bei der Beschaffung von Wagen, Geschirr und Pferden und bei dem Bau von Gebäuden an den Tag zu legen.

Die Gebräuche und Sitten, die früher z. B. bei Hochzeiten, Kindtaufen und Begräbnissen geherrscht haben, verlieren immer mehr ihren alten Charakter, namentlich bei den Littauern, deren Sprache hier zum Theil schon ganz verschwunden ist, weil die Basis, der

Aberglaube, ihnen entzogen wird. Die Heimathsliebe ist zwar vorhanden, doch fällt sie günstigeren Chancen, die sich dem Betreffenden darbieten, leicht zum Opfer.

Der allzufreie Umgang der beiden Geschlechter mag wohl die wahre Ursache sein, daß die oft gerühmte Sittenreinheit der alten Littauer hier durch manche abschreckende Beispiele ihre Glaubwürdigkeit fast verloren hat. Zu anderen Verbrechen und Vergehen schwererer Art neigt die hiesige Bevölkerung weniger und gehören Fälle, deren gerichtliche Bestrafung nicht unter Zuchthaus oder Gefängniß zu erfolgen pflegt, zu den seltensten Ausnahmen. Holzdiebstähle aus der nahen Königlichen Forst, wie sie allerdings, namentlich während eines kalten Winters, nur zu häufig vorkommen, werden von den Urhebern wie von den meisten Arbeitern, nicht als eigentliches Vergehen aufgefaßt und halten die meisten dafür in Bestrafung Genommenen eine derartige Strafe nicht für verletzend. —

Der Bildungsgang der Kinder ist nicht mehr überall derselbe, wie er vor 20 Jahren war. Kleinere Besitzer geben ihre Söhne, welche die zweiklassige Dorfschule durchgemacht und Landwirthe werden wollen, gewöhnlich noch 1—2 Jahre auf eine Ackerbauschule, oder lassen sie an dem Unterricht der im Regierungsbezirk befindlichen landwirthschaftlichen Winterschulen Theil nehmen. Söhne größerer Besitzer besuchen auch ein Lehrer-Seminar, um sich als Lehrer auszubilden, oder sie gehen auf das Gymnasium der Kreisstadt, um sich zu irgend einem Studium vorzubereiten. Seit den letzten 10 Jahren verwenden die bäuerlichen Besitzer bedeutende Mittel auf die Erziehung ihrer Söhne. Die Söhne der Arbeiter dienen nach ihrer Einsegnung 1—2 Jahre als Hütejungen und verdingen sich dann als Knecht, bis sie heirathen und als Instleute oder freie Arbeiter Stellung suchen. Einige widmen sich auch dem Handwerkerstande und gehen nach der Stadt in die Lehre. Die Töchter der Besitzer bleiben bis zu ihrer Heirath im elterlichen Hause. Diejenigen kleiner Besitzer und Eigenkäthner arbeiten mit dem Gesinde mit oder gehen als Dienstmädchen, während die Töchter von Arbeitern fast durchweg Stellung als Dienstmädchen auf dem Lande oder in der Stadt suchen.

Die in obigen Ausführungen enthaltenen Schilderungen der wirthschaftlichen Verhältnisse des Gemeindebezirks Gr. B. können im Allgemeinen als zutreffend und gültig für viele Gemeinden des Kreises J. angesehen werden. Wenn es auch Bezirke giebt, in welchen die Verhältnisse in mannigfacher Beziehung sich günstiger gestalten, so zeigen auf der andern Seite manche Ortschaften ein weniger gutes Bild und dürfte deshalb gerade die wirthschaftliche und sociale Lage der Gemeinde Gr. B. im Durchschnitt den Zustand der meisten ostpreußischen Landgemeinden kennzeichnen.

Zieht man die in den einzelnen Abschnitten der vorliegenden Arbeit angestellten Ermittelungen und Vergleiche in Erwägung, so ergiebt sich als Endresultat ein stetiger unverkennbarer Fortschritt auf allen Gebieten des socialen Lebens und des landwirthschaftlichen Gewerbes. Der bedeutende Aufschwung im gesammten Wirthschaftsbetriebe und das eifrige Streben nach besserer Bildung, das sich in allen Schichten der Bevölkerung bemerkbar macht, liefern den Beweis dafür. Im Hinblick hierauf darf man der Hoffnung Raum geben, daß der festere Anschluß an die bestehenden landwirthschaftlichen Vereine, die immer reger werdende Vereinsthätigkeit und der sich bahnbrechende Drang nach Bildung und Sitte, verbunden mit wirthschaftlichem Weiterstreben, als mächtige Hebel zur Förderung des ländlich-bäuerlichen Wohlstandes in unserer Provinz Ostpreußen wirken werden.

Lebenslauf.

Am 26. Januar 1857 wurde ich, Carl Hermann Lackner, als ältester Sohn des Gutsbesitzers Mathias Lackner und seiner Ehefrau Amalie geb. Reinbacher in Lindicken, Kreises Insterburg, geboren. Meine Eltern gehörten der evangelischen Confession an, und wurde auch ich in diesem Glauben erzogen. Den ersten Unterricht erhielt ich in der Dorfschule zu Lindicken und von einem Hauslehrer. Vom Jahre 1866 ab besuchte ich die Realschule I. Ordnung in Insterburg, war jedoch im Jahre 1875 wegen dauernder Krankheit gezwungen, auf ärztlichen Rath von der Schule abzugehen. Eine nahezu einjährige praktische Thätigkeit als Landwirth bei meinen nach Berschkallen, Kreises Insterburg, verzogenen Eltern stellte meine Gesundheit wieder her und ermöglichte meine Rückkehr zur Insterburger Schule, die ich Michaeli 1877 mit dem Zeugniß der Reife verließ. Ich bezog die Universität Königsberg, um mich dem Studium der Medizin zu widmen. Das Auftreten meiner früheren Krankheit zwang mich, dieses Studium nach 2 Semestern aufzugeben, und vom Wintersemester 1878/79 ab bis Ende des Sommersemesters 1882 studirte ich Landwirthschaft an dem landwirthschaftlichen Institut genannter Universität. Meine verehrten Lehrer, denen ich zu großem Danke verpflichtet bin, waren die Herren Professoren: Freiherr von der Goltz, Marek, Richter, Ritthausen, Bauer, Caspary, Lossen, Pape, Umpfenbach, Zaddach. Ende 1882 bestand ich das Examen für Lehrer der Landwirthschaft an Landwirthschaftsschulen und hatte 2 Jahre lang bis 1884 als Landwirthschaftslehrer an der im Kreise Ragnit befindlichen Ackerbauschule Lehrhof Ragnit Stellung. Von hier aus trat ich nach kurzer Unterbrechung in die Praxis und blieb in derselben bis Ostern 1887. Nach einer provisorischen Beschäftigung bei dem Landwirthschaftlichen Central-Verein für Littauen und Masuren bin ich seit 1. Oktober 1887 als angestellter Beamter dieses Vereins unter Herrn C. M. Stoeckel, dem Generalsekretair desselben, in Insterburg thätig.

www.ingramcontent.com/pod-product-compliance
Lightning Source LLC
Chambersburg PA
CBHW031444270326
41930CB00007B/858

* 9 7 8 3 7 4 4 6 4 6 9 4 9 *